KB018389

숨만 쉬어도
셀프힐링

방황하는 워커홀릭을 위한 1분 명상호흡

숨만 쉬어도
셀프힐링

유하진 글 ǀ **감자도리** 그림

판미동

차례

한숨 쉬지 말고 명상호흡!

사람들이 나를 만나면 꼭 물어보는 말이 있다.

"명상하고 요가가 다른 점이 뭐죠?"

"명상은 지루하고 재미없지 않나요?"

나도 직접 명상을 해 보기 전에는 그런 비슷한 의문을 품고 있었다. 심지어는 종교적이고 기복적인 행위로 받아들이기까지 했다. 요즘에는 명상의 긍정적인 효과를 증명하는 연구 결과가 많이 발표되어 그나마 인식이 나아지긴 했지만, 그래도 여전히 편견은 남아 있는 듯하다. 언젠가 만났던 사회 지도층 한 분은 노골적으로 나에게 이렇게 말씀하셨다.

"나는 명상, 기 이런 것 안 믿습니다. 내가 아는 명상하는 사람은 마치 사이비 교주 같더라고요."

그 말에 마치 내가 모욕을 당한 것처럼 얼굴이 붉어졌다. 그저 미소를 잃지 않은 채 "명상을 악용하는 사람들만 보셨나 봐요. 명상은 그 자체로 참 좋은 심리 치료법이고 의식 성장법인데 말이지요……." 하며 말끝을 흐릴 수밖에 없었다.

개인의 시각에 따라 명상을 긍정적으로 보는 사람도 있을 것이고, 부정적인 평가를 내리는 사람도 있을 것이다. 하지만 명상이 재미없고 지루하다는 말에는 동의할 수 없다. 불교 선이나 인도 요가 등과 함께 알려져 그런 선입견이 생긴 게 아닐까 싶다. 지금 이 책을 읽기로 마음먹은 사람들은 긍정도 부정도 아닌 중립적인 마음으로 이 글을 읽어 내려갔으면 좋겠다. 그러한 구분 짓기가, 어떠한 대상을 있는 그대로 받아들이고, 새로운 면모를 발견하는 데 오히려 방해가 될 수 있으니까.

힐링의 진정한 의미를 찾아서

사실 명상 못지않게 오해받는 말이 바로 '힐링'이라는 말이다. 너도 나도 힐링이란 말을 남용하다 보니, 이제는 그 단어를 듣기만 해도 거부감이 드는 것 같다. 힐링에만 초점을 맞추다 보면 세상 모든 것이 '고쳐야 하는 것'으로 보일 수 있다. 또 '내 상처가 이렇게 크니 나를 돌보아 달라'는 어린 마음이 자극받아 스스로 아픔에 안주할 수도 있다. 힐링은 만사를 해결하기 위한 열쇠가 아니라 성장을 위해 거쳐 가는 징검다리일 뿐인데 말이다. 진정한 힐링이란, 제 마음의 주인이 되어 자신을 포함한 타인과 공동체를 치유하는 커다란 의식으로 발전해 가는 과정이 아닐까?

힐링의 방법은 크게 보(補)법과 사(寫)법, 화해(和解)법으로 나눌 수 있다. 보법이라는 것은 채워 준다는 의미로 영양분이 부족하면 영양을 채워 주고, 사랑이 부족하면 사랑을 채워 주는 것이다. 사법은 빼낸다는 의미로 슬픔이 넘치면 슬픔을 빼 주고 욕심이 넘치면 욕심을 빼 주는 것이다. 마지막으로 화해법은 서로 화해하여 중화하는 것을 의미한다.

이 책에서는 이 세 가지 힐링법을 주요 원리로 삼아 거기에 오감을 자극하는 실천법을 다각도로 활용할 것이다. 감각을 활용한 명상법은 사람들의 흥미를 자극하면서 더 쉽고 빠르게 심신을 변화시키는 역할을 한다. 우리 뇌는 재미있는 것에 더 잘 집중하기 마련이니까. 유익한데 재밌기까지 하다면, 그보다 더 좋은 것이 어디 있을까? 이 책의 또 다른 저자인 감자도리의 카툰은 명상호흡을 쉽고 재밌게 전달해 주는 다리가 되어 줄 것이다.

명상은 내가 누구인지 찾아가는 과정

명상에서 호흡은 아주 중요하다. 사람들은 평상시에 무의식적으로 호흡하며 살아가지만, 의식을 집중하면 들어오고 나가는 숨을 마음대로 조절할 수 있다. 거듭 연습하면 호흡이 깊어지고 내 몸에 대한 감각이 깨어난다. 코로만 들어 왔던 숨이 머리에서 들어와 피부로 빠져나가는 느낌이 들기도 하고, 피부 전체로 들어와 피부 전체로 빠져나가는 느낌이 들기도 한다. 결국 몸이 사라지고 호흡마저 사라진 것처럼 느껴지면서 우주 그 자체만 남아 있는 상태를 경험하게 된다. 그 순간 내가 우주 안에 있는 것이 아니라, 내 안에 우주가 존재하는 듯한 '텅 빈 꽉 참'을 경험할 수 있다. 이러한 상태에서 모든 분별이 사라지고 나, 타인, 그리고 세상에 대한 관점이 바뀌게 된다. 그런 의식의 상태를 체험하였다면, 실제 생활에서 나의 생각과 말과 행동을 통하여 그 체험을 구체화하고자 노력하게 된다.

결국 명상호흡은 몸을 건강하게 하고 마음을 안정시키는 방법이기도 하지만, '나는 누구인가?'라는 질문을 이끌어 의식을 성장시키는 훌륭한 도구가 되기도 한다. 삶을 바라보는 다양한 관점에서 명상을 하면 공감 능력이 발달하는 것은 물론 타인에 대한 이해 또한 쉬워진다. 도저히 용서할 수 없었던 사람도 그의 관점에서 바라보면 어느 정도 이해되고 "그럴 수도 있지."라는 생각이 드는 것이다. 결국 명상은 내 안에 갇혀 있는 것이 아니라 '나'라는 틀에서 벗어나게 만드는 우리 내면의 네비게이터라고 할 수 있다.

사물을 바라보는 관점이 바뀌면 느끼는 방식도 변화한다. 느끼는 방식이 바뀌면 보이는 것과 보이지 않는 것이 생긴다. 명상은 주의 집중을 통해 나를 객관화시키고, 관찰자 자리에서 나를 있는 그대로 바라보게 하는 과정이다. 비유하자면 청동 거울에 오랫동안 쌓여 온 녹을 녹여 내는 것과도 같다. 트라우마나 편견 등 무의식적으로 나를 지배해 왔거나 내가 옳다고 믿어 왔던 관념의 때를 다 벗겨 내야만 맑은 거울에 비친 진정한 나의 모습을 비로소 볼 수가 있다.

어떻게 우리는 최악의 순간을 피할 수 있을까?

위 말들이 아직 어렵게 들린다면, 마지막으로 이것만은 알아 달라. 내 몸과 마음의 건강은 나 스스로 챙겨야지 남이 대신 챙겨 줄 수는 없다는 것. 엄마도, 애인도, 배우자도 한계가 있기에 결국 힐링은 나

자신이 주체일 수밖에 없다. 그것이 이 책을 혼자서도 쉽고 재밌게 실천해 볼 수 있도록 만든 이유이기도 하다.

여기에 소개된 방법을 당장 다 따라 해야만 하는 것은 아니다. 이 중 자신에게 가장 절실한 것 한두 가지만 습관으로 만들면 성공적이라고 할 수 있다. 명상만 하면 문제가 다 해결된다는 식의 편의주의적인 발상이 아니라, 많은 직장인이 각자의 자리에 분투하고 있는 고된 이 현실 속에서 어떻게 하면 최악의 순간만은 면할 수 있을까 함께 궁리해 보는 것, 그것이 바로 '워커홀릭 명상호흡'의 시작이라고 할 수 있다.

아침에 출근하려고 눈을 떴을 때, 붐비는 출근길 버스나 지하철 안에서, 직장에서 상사가 엄한 일을 시켜 짜증이 밀려올 때, 그리고 피곤한 몸을 이끌고 집으로 돌아와 잠들 때까지도, 순간순간 당신이 내쉬는 지친 한숨이 깊고 맑은 쉼의 호흡이 되기를 희망한다.

유하진

아침 출근 모드

AM 07:00

1. 알람 한 방에 일어나는 법

나만의 기상 심볼 음악 만들기

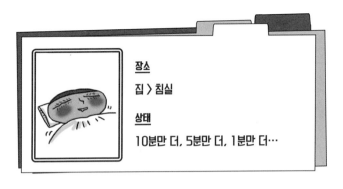

잠자기 가장 좋을 때는 언제일까? 피곤할 때? 아니다. 잠에서 막 깼을 때다. 그만큼 아침에 잠깐이라도 더 자고 싶은 유혹을 뿌리치기가 어렵다는 얘기다. 알람 소리에 멀쩡히 눈을 떠 놓고는, 10분만 더 자도 되겠지 방심하다가 1시간을 훌쩍 넘겨 버리는 사람, 여럿 보았다. 과연 알람 한 방에 일어나는 방법은 없을까?

이를 위해서는 잠이란 무엇인지, 자는 동안 우리 머릿속에는 무슨 일이 벌어지는지 먼저 살펴보아야 한다. 잠이란 일정한 시간 동안 의식이 없는 상태로 몸과 마음의 활동을 멈추는 행위다. 잠을 잘 때에는 뇌가 잠든 넌렘(Non-REM)수면(비꿈수면)과 뇌가 깨어 있는 렘(REM)수면(꿈수면)이 번갈아 가며 일어난다. 이 과정을 통해 뇌는 하루 동안 입력된 정보들을 처리하여 재배열시키면서 휴식을 취하는 것이다.

보통은 얕은 수면 → 깊은 수면 → 얕은 수면 단계를 거치는 넌렘수면과 렘수면이 수면의 한 사이클이다. 대략 1시간 30분 주기로 반복된다. 한 주기가 끝날 무렵의 얕은 수면 단계에서 잠을 깨면 좀 더 개운하게 일어날 수 있다. 잠들고 나서 대략 4시간 30분 뒤에 일어난다면 3주기가 끝났을 때고, 6시간 뒤에 일어난다면 4주기가 끝났을 때니 몸이 개운할 수밖에!

물론 사람마다 수면 주기에 다소 차이가 있을 수 있다. 자신이 잠든 시간과 일어난 시간을 대략 체크하여 몇 시간 후에 일어났을 때 가장 몸이 가뿐하고 기분이 상쾌했는지 일주일간 파악해 보자. 그 시간에 알람을 맞추면 1단계 끝!

어느 시간에 알람 음을 설정하는지도 중요하지만, 어떤 알람 음을 설정하는지도 중요하다. 지하철에서 우연히 자신의 알람 소리와 같은 핸드폰 벨 소리를 듣는다면, 우리는 자연스럽게 아침에 일어나는 장면을 상상한다. 그 음악을 듣고 우리의 뇌가 자동적으로 기억 속 영상을 떠올리는 것이다. 이것은 (아마도 슈뢰딩거의 고양이와 함께 역사상 가장 유명한 과학 동물 중 하나인) '파블로프의 개'의 실험과 같은 원리다. 먹이를 줄 때마다 흔든 종소리에 빠짐없이 침을 흘렸다던 그 개 말이다. 이른바 조건 반사라고 한다. 이 원리를 활용해 자신이 평소에 좋아하는 음악이나 생기를 주는 음악, 물소리나 새소리 등 상쾌한 아침을 연상할 수 있는 음악으로 알람 소리를 설정해 놓는다.

종소리만 들으면 침을 흘리는
파블로프의 개처럼,

It's raining man~
It's raining man~

나는 매일 아침
이 노래를 들으며
행복한 최면에 빠진다.

하늘에서 돈이
비처럼 내려와~

하늘에서 돈이
비처럼 내려와~

할렐루야

일하러
가야지!

알람 소리를 듣고 깨어났디면 다음 과정을 따라 해 보라.

1. 바로 일어나지 말고, 누운 채로 깊게 숨을 들이마셨다가 내쉬기를 3회 반복한다. 얼굴부터 천천히 아래로 몸을 스캐닝하듯이 훑어 내려가며 근육에 생기를 불어넣는다.

2. 근육을 움직일 준비를 한 뒤 천천히 자리에서 일어나 그대로 편안하게 앉는다. 가부좌를 틀고 앉거나 편안하게 침대에 걸터앉는다.

3. 편안하게 눈을 감고 음악을 들으며 과거 경험 중 가뿐한 몸과 상쾌한 마음으로 아침을 맞이했던 기억을 떠올려 본다. 꼭 아침이 아니더라도 가장 좋은 몸과 마음의 상태였던 때도 좋다. 과거에 숲길을 거닐었던 때는 어떨까. 따사로운 햇살이 내리쬐고, 숲 속 향기에 머리가 맑아지고, 어린아이처럼 마냥 기분이 좋았던 그 상태를 그대로 느껴 본다.

4. 오감을 동원하여 그 상태를 생생하게 떠올린다. 피부에 닿는 기분 좋은 바람의 느낌을 기억해 내고, 어떤 소리가 들려오는지, 밝기나 팽창하는 느낌 등을 세세히 느껴 나간다.

5. 기분 좋은 상태를 확대해 갈수록 가볍고 상쾌한 에너지가 온몸으로 확장된다. 얼굴에 환한 미소를 띠고 "오늘 하루 멋지게 시작!" 등 자신이 원하는 상태를 작게 소리 내어 말한 뒤, 눈을 뜨고 기지개를 켠다.

이러한 명상을 반복하다 보면, 아침마다 울리는 심볼 음악 소리에 자연스럽게 눈이 떠진다. 나의 몸과 마음의 상태가 거기에 반응하는 것이다. 여기서 중요한 것은 반복이다. 반복이 뇌에 깊게 각인되어 즉각적으로 반응할 수 있는 상태를 만든다. 언제라도 그 심볼 음악을 들으면, 내 몸과 마음 상태가 그렇게 변할 준비를 하는 것이다. 자신만의 심볼 음악을 만들어 상쾌한 하루를 시작하기를!

굿모닝~

벌떡

(기적이) 일어났어요!

1. 자신의 수면 주기를 파악하여 그 주기가 끝나는 시간에 맞춰 일어

나는 연습을 한다.(보통 1시간 30분이 한 주기)

2. 평소 좋아하는 음악이나 긍정적인 느낌을 주는 자신만의 심볼 음악

을 알람 음으로 설정한다.

3. 알람 음을 바로 끄지 않고 침대에 앉아 감상한다. 연상되는 이미지를

떠올리며 상쾌한 에너지를 온몸으로 확장시킨다.

2. 출근 스트레스를 날려 버리자

전신 두드리기

회사 가기 증말 실타. ㅠㅠ

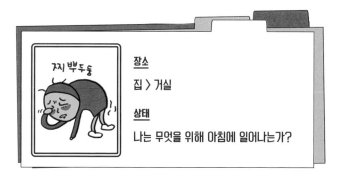

장소

집 〉 거실

상태

나는 무엇을 위해 아침에 일어나는가?

"모든 길은 로마로 통하고, 폐와 대장 등의 내장 기관은 피부로 통한다!"는 말을 혹시 들어 보셨는지? 그 이론적 근거는 이렇다. 한의학은 세상의 모든 현상을 음양오행으로 구분한다. 거기서 오행은 목(木), 화(火), 토(土), 금(金), 수(水)를 말하며, 인체의 장기들도 각각 거기에 맞춰 분류한다. 이 기준에 따르면 피부는 금에 해당한다. 금에 해당하는 육장 육부는 폐와 대장이니, 피부를 자극하는 것은 곧 폐와 대장의 에너지를 자극하는 것이기도 하다는 말씀!

이러한 오행은 단독으로 존재하는 것이 아니라 상생상극의 관계로 얽혀 서로 영향을 주고받는다. 피부를 가볍게 두드려 자극하는 마사지는 뇌를 활성화하고 기와 혈의 순환을 도와 면역력을 향상시키는 쉽고도 간편한 건강 관리법이라 하겠다.

날씨가 그리 춥지 않다면 먼저 창문을 열어 환기한다. 잠옷 차림도 좋고, 팬츠나 러닝셔츠만 입은 상태여도 괜찮다.

그 상태에서 왼팔을 45도 정도 벌려 앞으로 쫙 편 채로 내밀고, 오른쪽 손바닥으로 왼쪽 어깨부터 왼손 엄지손가락을 향해 탁탁 소리가 날 정도로 두들겨 나간다. 경락 흐름을 고려한 순서이므로, 아래 순서를 맞춰 잘 따라 한다.

1. 어깨에서 엄지손가락 쪽을 향하여 내려가 엄지손가락에서 새끼손가락까지 손끝을 치고, 새끼손가락에서 겨드랑이 안쪽을 향해 올라온다.

2. 다시 어깨 안쪽에서부터 손바닥 쪽으로 내려갔다가 손바닥을 뒤집어 손등에서 어깨 쪽으로 올라온다.

3. 같은 동작을 두 번 반복한 뒤에 손을 바꾸어 똑같은 순서로 진행한다.

4. 양손으로 가슴의 한가운데, 즉 임맥(任脈)에 손바닥을 위아

래로 엇갈려 살포시 얹은 뒤, 30회
정도 두드린다. 현대인들은 임맥이
많이 막혀 기혈의 원활한 순환이 이
루어지지 않는데, 스트레스가 많은
사람일수록 이곳을 누르면 통증이
심하다. 자신보다 타인이 눌러 보는
것이 더 정확하다.

5. 임맥 두드리기가 끝나면 양손으로 허벅지 바깥쪽을 두드리
면서 발등까지 내려간다. 이어서 발등에서 허벅지 안쪽으로
올라오고, 허리 뒷부분 양쪽에 신장이 있는 부위에서부터 엉
덩이 중앙을 거쳐 발꿈치 쪽으로 내려간다. 그리고 다시 발
등에서 다리의 바깥쪽을 두드리며
올라온다. 같은 방법으로 한 번 더
두드려 주고 마지막에는 아랫배 부
위(하단전이라고 일컫는 곳)를 30회
정도 두드린다.

경락이 흐르는 방향으로 전신을 두드리고 난 뒤, 눈을 감고 피부의 감각을 느껴 보자. 처음에는 짜릿짜릿하다가 나중엔 얼얼해질 것이다. 꾸준히 두드리다 보면 나날이 달라지는 그 느낌을 감지할 수 있을 것이다.

여기서 주의할 점은 두드리는 강도가 약간 강하다 싶을 정도가 좋다는 것. 두드림의 강도가 셀수록 피부 온도가 올라간다. 피부의 온도가 상승하면 대사가 활성화되어 기혈의 순환이 원활해진다. 또 세게 두드리다 보면 유난히 아픈 곳을 발견할 수도 있다. 전신을 두드려 주는 동작이 끝난 뒤 그 부위를 10회 정도 더 두드려 정체된 에너지를 풀어 준다.

다음은 전신 두드려 주기가 끝난 뒤에 해야 할 호흡법이다.

1. 눈을 감고 정수리에서부터 양쪽 귀와 목선을 지나 어깨와 팔, 겨드랑이, 엉덩이, 허벅지와 무릎, 종아리와 발가락까지, 내 몸의 윤곽을 따라서 외곽선을 만든다.

2. 코로 숨을 들이마시면서 부풀어 오른다고 상상하고 몸 전체

를 팽창시킨다. 입으로 "후~" 하고 숨을 내쉬면서 몸 전체가 풍선에 바람이 빠지듯 수축한다고 상상하며 편안하게 호흡한다.

3. 숨을 내쉴 때 입으로는 "후~" 하는 효과음이 들리게 하는 것이 좋다. 뇌가 생생하게 느끼게 하기 위해서는 생생하게 오감을 자극하는 표현이 필요하다.

4. 천지의 맑은 에너지가 숨과 함께 내 몸으로 들어오고 그 안에 쌓인 노폐물이 검은 연기처럼 빠져나간다고 상상하며 호흡한다. 피부에 대한 감각이 살아날 뿐만 아니라, 모공으로 아지랑이 같은 검은 연기가 빠져나가는 이미지가 떠오를 것이다. 그러면 더 가벼워지고 생기로 가득 찬 자신의 몸을 느낄 수 있다.

우스갯소리로 명상은 뇌를 속이는 일이란 말이 있다. 우리 뇌는 실제 경험한 것과 생생하게 상상한 것을 잘 구별하지 못한다. 지금 당장 아주 신 레몬을 떠올려 보라. 실제 레몬이 없는데도 뇌 속의 기억이 침샘을 자극하여 입에 침이 고이지 않는가? 단순한 호흡에 생기와 노

나는 지금 '자신감 향수'를
뿌리고 있다.

폐물을 교환하는 이미지가 더해져 효과는 더욱 상승한다.

피부 호흡을 마친 뒤에는 머리에서 발끝까지 맑고 환한 빛으로 샤워를 한다. 평소 좋아하는 상쾌한 향기를 스프레이로 뿌린다고 상상하며 입으로 "치익~칙!" 효과음을 낸다. 실제 향기를 맡듯이 코를 움직여 후각 세포를 자극한다. 그 향기에 대한 기억이 상기되면서 기분이 변화되는 것을 느낄 수 있을 것이다.

그리고 그 느낌을 아주 생생하게 언어로 표현한다. 박하 향이 떠올랐다면 그 향기를 코로 맡는다고 상상하며 들이마신다. 시원한 향이 머리에서 어깨로 퍼지면서 기분이 상쾌해지고 머리가 맑아질 것이다. "아! 머리가 맑아지고 기분이 좋아지네……."라고 구체적으로 표현하면 그 말은 더더욱 그 느낌을 구체화해 나의 몸과 마음에 더 큰 영향을 끼친다.

기분이 상쾌해지면 오늘 하루 어떤 몸과 마음 상태로 일하게 될지 상상하며 활기차게 생활하는 모습을 영화를 상영하듯 머릿속에 그려 본다. 여기서 마지막 멘트는 "너는 날마다 자신감이 넘치고 집중력이 강해지고 있어. 멋진 모습 참 좋아!"라는 칭찬 한마디다.

하나 하면 출! 둘 하면 근!

워커홀릭을 위한 3줄 요약

1. 아침에 몸의 근육과 뇌를 깨우는 데 전신 두드리기 운동이 좋다.

2. 손바닥을 이용해 약간 강하다 싶을 정도로 경락이 흐르는 방향에 맞춰 전신을 두드려 준다.

3. 좋은 에너지는 호흡을 통해 몸 안으로 들어오고, 몸 안의 노폐물은 모공을 통해 검은 아지랑이처럼 빠져나간다고 생각하며 호흡한다.

3. 나는 매일 아침 명상을 먹는다

포만감 명상&비위 기능 강화

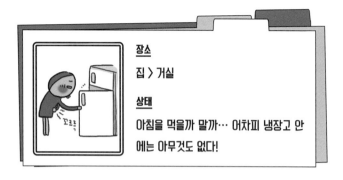

장소

집 > 거실

상태

아침을 먹을까 말까… 어차피 냉장고 안
에는 아무것도 없다!

워커홀릭들이여, 밥은 잘 먹고 다니는가? 아침에 일어나기 무섭게
씻고, 옷 갈아입기 무섭게 현관으로 달려가는 사정 모르는 바 아니다.
눈만 뜨면 백 미터 달리기 스타트 라인에 선 아찔한 그 기분이라니!
이리도 눈코 뜰 새 없이 바쁜데 아침밥을 챙겨 먹으라는 소리는 얼마
나 가당찮은가?

1) 시간이 없어 아침을 거르는 경우

한번 생각해 보자. 배는 고픈데 밥 먹을 시간이 없다? 배가 고프다
는 것은 음식이 들어오기를 내 몸이 원하고 있다는 신호다. 거기에 답
을 하지 못하는 경우 자신도 모르게 아침을 걸러 기력이 없는 것처럼
느껴지기 쉽다. 그러나 우리 몸속의 지방은 이러한 경우를 대비하여
비축되어 있는 것이니, 일단 안심하자.

이럴 때일수록 지방의 기능을 활용할 수 있는 포만감 명상을 해 보자.

1. 편안한 의자에 앉아 눈을 감고 3회 심호흡하며 온몸의 긴장을 풀어 준다.

2. 맛있는 음식을 먹고 포만감을 느끼던 때를 생생히 떠올려 본다. 그때에는 음식을 보아도 더 먹고 싶은 마음 없이 그 자체로 행복하지 않았던가? 당시 환경과 주위 온도, 촉감, 들려오던 소리 등을 최대한 생생히 느끼는 연습을 한다.

3. 행복감을 최대한 생생하게 다시 느끼는 것만으로도 식욕이 충족되어 배고픔은 사라지고 정말 배부르다는 느낌이 들 것이다.

4. 근육 사이에 저장된 지방이 녹아 에너지원으로 사용되는 이미지를 그린다. 그리고 "내 몸은 생기 있고 활력이 넘쳐난다."고 1분 정도 자기 암시를 하고 눈을 뜬다.

2) 아침을 먹고 싶으나 위가 부담되어 꺼리는 경우

이는 비위 기능이 약해서 그런 것이다. 그 기능을 강화하는 간단한 요가 자세를 소개한다. 일명 코브라 자세다.

1. 편안하게 턱을 몸 쪽으로 당기고, 이마를 바닥에 댄다. 양손은 옆구리에 손바닥이 바닥에 가도록 하고 발등이 바닥에 닿도록 뻗는다.

2. 숨을 들이마시면서 고개를 들어 멀리 바라본다. 팔과 등, 허리를 펴 주는 자세로 내장 기관을 스트레칭 한다.

3. 발뒤꿈치는 붙이고 '하나, 둘, 셋, 넷'을 세면서 숨을 들이마시고 항문에 힘을 준다. 그리고 숨을 천천히 내쉬면서 제자리로 돌아온다.

코브라처럼 샥샥

그다음으로 장운동을 하면 좋다. 아랫배를 볼록하게 만들어 소장과 대장을 밀어낸다는 느낌으로 내민다. 최대한 배꼽을 등에 붙인다는 느낌으로 자기 몸 쪽으로 잡아당긴다. 장운동은 내장을 마찰시켜 열을 내고 소장이나 대장 내부에 정체된 가스를 배출하는 데 효과가 있다.

더불어 일상생활에서 비위 기능을 좋게 하기 위해서는 너그러운 마음을 갖고자 노력해야 한다. 비위가 안 좋은 사람들은 타인이나 자신에 대하여 너그럽지 못한 경우가 많다. 비위가 좋은 사람들은 아무거나 잘 먹을 뿐만 아니라 사람들을 대할 때도 분별하는 마음이 없다. 들어오는 대로 다 받아들이고 사람들도 너그럽게 대한다. 반면 비위가 약한 사람들은 사람을 대할 때 배타적이고 소극적이며 움츠러드는 경향이 있다. 몸과 마음이 따로따로 분리된 것이 아니라 서로 유기적인 관계로 연결되어 있음을 자각하자.

이제부터 아침은 내가 준비!

1. 시간이 없어 아침을 거르는 경우, 맛있는 음식을 먹어 배부르고 기

   분 좋았던 때를 떠올리는 '포만감 명상'을 한다.

2. 위에 부담이 되어 아침 먹기가 꺼려지는 것은 비위가 약해서다. 이럴

   때는 코브라 자세와 장운동이 좋다.

3. 몸과 마음은 유기적으로 연결되어 있다. 비위 기능을 향상하기 위해

   먼저 무엇이든 받아들이는 너그러운 마음을 가져야 한다.

4. 케겔이냐 수면이냐, 그것이 문제로다

출근길 시크릿 항문 수축 운동

자리 날 때까지
스마트폰이나 하자.

앗싸! 자리가 났으니…

이제 본격적으로
스마트폰 하자.ㅋㅋㅋㅋ

미간 주름

눈 침침

거북이 목

굽은 등

장소
버스, 지하철
상태
휴~ 자리에 앉았다. 뭘 할까?

"스마트폰이 지하철을 점령했다!"는 말이 무색하지 않을 정도로 요즘음 지하철에서 스마트폰에 눈을 고정한 채 마네킹처럼 멈춰 있는 사람들을 자주 본다. 옆 사람이 무엇을 하든 아무런 관심도 없이 게임과 영화 삼매경에 빠져 시간을 보내는 것이다.

그런데 대중교통 안은 산소가 부족하고 공기 오염 물질이 많아 쉽게 우리 몸을 피곤하게 하는 환경이라는 걸 아는가? 고로 스마트폰 게임에 집중하면 뇌가 두 배로 혹사당하기 쉽다. 이는 오전 근무를 앞두고 좋은 선택은 아니다.

이럴 땐 차라리 눈을 감고 잠을 청하는 것도 뇌를 쉬게 하는 방법이다. 먼저 버스나 지하철에서 자리에 앉았을 때 할 수 있는 운동과 명상법을 소개하도록 하겠다. 스마트폰으로 영화나 E-북을 보면서도 할 수 있는 간단한 방법, 일명 케겔 운동이라고도 하는 항문 수축 운동이다. 구체적인 방법은 다음과 같다.

1. 일단 자리에 앉았다면 천천히 머리부터 발끝까지 내 몸을 차례대로 불러 주며 긴장을 푼다.

2. 천천히 숨을 들이마셨다가 내쉬기를 3회 정도 반복한다. 호흡할 때에는 머리 위 백회혈에 구멍이 있고, 그 구멍으로 숨이 움직인다고 상상한다. 처음에는 호흡의 길이가 짧지만, 나날이 그 길이가 길어져 호흡만으로도 피로가 회복되는 효과가 커진다.

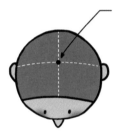

백회혈

우리 몸 가장 높은 곳에 있는 혈자리.
코-정수리-목의 경추를 잇는 정중선과
양쪽 귀의 가장 높은 점을 잇는 선이
교차하는 점이다.

3. 항문에서부터 생식기 쪽으로 근육을 서서히 말면서 조인다는 마음으로 숨을 들이마시며 힘껏 조여 준다. 힘을 가장 강하게 준 시점에서 참을 수 있을 정도로 숨을 멈추었다가 내쉬며 근육의 힘을 풀어 준다.

4. 5회 정도 집중하여 항문 수축 운동을 하면 금세 몸이 더워진다.

5. 항문 부위의 감각을 느끼면서 붉은 불길이 활활 타오르는 이미지를 상상한다. 마음속으로는 "뜨거워진다, 활력이 타오른다."라고 자기 암시 멘트를 1분 정도 주문처럼 외운다.

6. 자기 암시 멘트를 끝낸 뒤 활기차게 활동하는 자신의 모습을 그리며 눈을 뜬다.

위 운동은 치질이나 요실금, 자궁하수 등을 예방하고 항문과 방광의 근육을 강화한다. 이 부위는 '1번 차크라'라고 하여 요가나 명상 수련에서 아주 중요한 에너지의 집합체가 있는 곳으로, 인간이 존재하기 위한 기본 에너지가 시작된다. 해부학적으로 보면 성호르몬이 다량 분출되는 곳이라고 하겠다.

케겔 운동 시 한 가지 주의할 점은 숨을 참을 때 얼굴에 힘주지 말아야 한다는 것이다. 항문이 아니라 얼굴부터 힘주는 게 습관이 된 사람들이 많다. 혹시 자신이 얼굴에 힘을 주고 있는 것은 아닌지 점검해 보라.

얼굴에 힘이 들어가면 기운이 위로 들떠 운동의 효과가 나타나기 어렵다. 또 숨을 참았다가 내쉴 때 너무 크게 소리를 내면 옆 사람에게 혐오감을 준다. 겉은 멈추고 속은 움직이는 항문 수축의 노하우를 잘 터득하기 바란다.

마지막으로 이것저것 다 귀찮을 때 편안하게 잠을 청하는 명상법이다.(아마 이런 걸 기다렸을 거다.) 지하철이나 버스는 움직임이 규칙적으로 일어나 쉽게 잠들 수 있는 환경이긴 하다. 여기서는 더 효과적으로 자기 위한 방법을 소개하겠다.

먼저 깊게 숨을 들이마시고 참았다가 내쉬기를 3회 반복한 뒤 천천히 온몸의 긴장을 풀고 눈앞에 커다란 문을 만든다. 그 문 안쪽의 공간에 들어가 있을 때 내 몸과 마음이 아주 편안해지고, 적은 시간으로도 활력이 충전된다고 설정한다. 그리고 내리기 전에 저절로 의식 세계로 돌아오게 된다고 암시하고 편히 잠을 청한다. 버스나 지하철에서 자다가도 내리기 직전에 눈이 떠지는 신기한 경험을 해 본 적 있을 것이다. 약간의 긴장감으로도 그러한 작용이 일어난다. 그냥 잠을 청하는 것보다는 위 방법으로 잠을 자면, 훨씬 편안한 휴식 시간을 보낼 수 있다.

케겔 운동, 참 좋은데...

뭐라 설명할 방법이 없네

워커홀릭을 위한 3줄 요약

1. 산소가 부족하고 오염 물질이 많은 출근길 버스나 지하철에서 스마트폰 게임을 하는 것은 뇌를 두 배로 혹사시키는 일이다.

2. 자리에 앉아서 갈 때는 항문 수축 운동, 케겔 운동을 하면 건강에 좋다.(주의 : 얼굴이 아니라 항문에 힘을 줄 것)

3. 이것저것 다 귀찮을 때는 나만의 휴식 공간을 만드는 명상을 한 뒤 잠을 청한다.

5. 서서 가도 괜찮아

대중교통 손잡이 이용 운동법

우르르...

출근길 40분 동안

드라이한 머리는
헝클어지고

다려 입은 옷은
구겨지고

구두는 더러워질대로
더러워진다.

오늘은 새 옷과 새 신발
장착한 날!

무슨 수를 써서든
지켜내야 햇!

덜컹~ 덜컹~ 덜컹~

장소

버스, 지하철

상태

저 자리는 원래 내 자리였어야 해!

지하철에 앉아 가기 위해서는 '창문으로 고개를 돌려 지금 역이 어딘지 보는 사람', '갑자기 눈을 부릅뜨고 기지개를 켜는 사람' 등을 집중 공략하라는 얘기를 들어 보았는가? 이 속설이 꼭 맞는 것만은 아니지만(이 복불복의 대중교통!) 똑같은 돈 주고 탔는데 나만 서서 간다면 왠지 억울하고 스트레스 받지 않겠는가? 하물며 복작복작 붐비는 아침 출근길은 오죽하랴.

하지만 스트레스가 나쁘다고만 생각하는 것은 잘못된 믿음이다. 스트레스라고 하는 용어 자체가 잘못 사용되고 있다는 것을 아는가? 정확히 말하자면 이렇다. 우리 몸은 외부로부터 압력을 받으면 긴장, 흥분, 각성, 불안과 같은 생리적 반응이 일어나게 되는데, 이러한 외부 압력을 스트레스 요인이라 하고, 여기서 벗어나 원 상태로 되돌아가려는 반작용을 스트레스라고 한다. 즉 외부 압력인 스트레스 요인은 그 반작용인 스트레스와 뚜렷하게 구별되어야 한다.

스트레스 요인에 노출되면 우리 몸에서는 다양한 화학 물질들을 분비하여 심박 수를 증가시키거나 근육을 경직시키는 등 육체적 증상들을 보인다. 이러한 반응을 잘 활용하여 훈련 도구로 삼아 보자. 아무 자극 없는 세상에서 살아가는 사람들은 그만큼 육체적·정신적으로 나약해지기 쉽다. 적당한 자극에 적절히 대응하여 육체적·정신적으로 건강해지는 것이 스트레스의 긍정적인 효과다. 스트레스에 대한 부정적인 관념을 없애는 것이 바로 스트레스로부터 자유로워지는 첫걸음일 터. "피할 수 없다면 즐겨라."라는 말처럼, 붐비는 지하철이나 버스의 상황을 긍정적으로 받아들이는 명상 운동법을 소개한다.

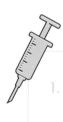

1. 양손으로 손잡이를 잡을 수 있는 자리를 선택한다. 이때 가방이나 짐은 선반에 올려놓는다. 그럴 수 없는 상황이라면 한쪽에 무게가 실리지 않도록 가운데로 드는 것이 좋다.

2. 숨을 들이마시며 손잡이를 잡은 양손을 아래쪽으로 힘주어 매달리듯 잡아당긴다. 그리고 숨을 내쉬면서 힘을 푼다. 이를 10회 정도 반복한다. 숨을 들이마실 때는 머리(백회)에

콧구멍이 있어 머리에서부터 아래쪽으로 깊게 들이마신다고 상상한다. 내쉴 때도 머리로 숨을 내쉰다고 생각한다. 그렇게 되풀이하다 보면 점점 숨이 깊어지고 호흡에 대한 감각이 살아나면서 몸에 대한 집중력이 커지는 것을 느끼게 된다.

3. 호흡하며 팔 근육에 힘을 주었다 풀기를 반복한 뒤 몸을 느껴 본다. 눈을 감고 내 의식이 몸 어디에 머무는지를 관찰한다. 어깨 근육에 머문다면 그곳에 의식을 집중하고 무거운지 가벼운지, 팽창하는지 수축하는지, 밝은지 어두운지 알아차리는 연습을 한다. 만약 무겁게 느껴진다면 편안하게 호흡하고 가벼워진다고 생각하며 그 변화를 관찰한다. 이런 식으로 연습하다 보면 몸 상태를 파악하는 것은 물론 깨어진 밸런스를 바로잡아 나가는 데도 도움이 된다.

4. 양 발뒤꿈치를 들고 무게 중심을 왼발에서 오른발로 옮겨 가며 무릎을 약간 굽혔다 편다. 종아리 근육의 느낌에 집중하며 그 근육을 늘려 준다. 이때 중요한 것은 발아래 스텝 운동을 하는 기계가 놓여 있다고 생각하는 것이다. 그 운동 기계를 밑으로 내리기 위해 힘을 준다고 생각하면서 운동한다.

스텝 운동,
헛둘 헛둘!

버티기,
헙! 헙!!

만원 지하철, 피할 수 없다면 즐기자.

힘을 주지 않고 가볍게 하는 것이 아니라 최대한 근육에 힘을 주었다가 풀기를 반복해야 운동 효과가 크다.

5. 하체 근육 운동이 끝나고 나면, 다시 편안하게 호흡하며 마찬가지로 의식이 몸 어디에 집중되는지 관찰한다. 종아리 근육이 팽창하는지 수축하는지, 밝은지 어두운지, 그 느낌을 알아차리고 오른쪽과 왼쪽 종아리를 비교한다. 어둡고 무거운 쪽에 의식을 집중하여 양쪽 종아리 근육의 느낌이 같아지도록 편안히 호흡한다. 조이는 느낌은 편안하게 팽창시키고 어두운 느낌은 환한 느낌으로 의식적으로 변화시킨다.

6. 내릴 때가 다가오면 편안히 온몸의 근육을 이완하면서 천천히 머리에서 발끝까지 집중한다. "얼굴 근육이 편안해진다. 어깨 근육이 편안해진다. 다리 근육이 편안해진다."라고 자기 암시 멘트를 한다. 그리고 눈을 감은 채, 새콤달콤한 오미자차를 마시는 상상을 하며 그 향기와 맛을 온몸으로 확장시키는 이미지를 떠올리며 눈을 뜬다.(오미자차 맛을 모르겠다면 신맛을 내는 차나 과일을 상상한다.) 그 새콤달콤한 기운이 근육으로 퍼져 나가 적당한 긴장과 탄력을 줄 것이다.

상쾌해진 몸과 마음으로 버스와 지하철에서 내리는 당신 모습을 보라. 어깨와 가슴을 쫙 펴고 얼굴에 환한 미소를 띠고 걸어가는 출근길이 바로 행복으로 가는 길 아닌가. 아 참, 안 가르쳐줘도 알겠지만, 출근 시간까지 5분 남았다는 사실은 절대 잊지 말길!

아~ 상쾌하다.

출근 시간 5분 남았는데?

워커홀릭을 위한 3줄 요약

1. 지하철이나 버스에서 서서 출근할 때는 일단 그 상황을 긍정적으로 받아들여 스트레스를 조절해야 한다.

2. 손잡이를 잡고 근육에 힘을 주었다 풀기를 반복하며 팔 운동과 하체 운동을 한다.

3. 내 의식이 몸의 어떤 근육에 머무는지 관찰하고 그 부위의 근육이 편안해질 거라는 자기 암시 멘트를 한다.

오늘이 시험 보는 날이었어?

암기력을 향상시키는 앵커링 연습

공부에 왕도는 없지만 요령은 있는 법! 취업 준비생이나 승진 시험을 준비하는 직장인의 공통 관심사는 아마도 쉽고 요령 있게 공부하는 법이 아닐까? 시중에 무수히 팔리고 있는 공부 잘하는 법, 암기 잘하는 법에 대한 책들을 보면, 왼 주먹을 쥐면서 암기하고, 오른 주먹을 쥐면서 시험을 보면 더 잘 기억할 수 있다고 나와 있다. 왼손은 우뇌가 관장하고 오른손은 좌뇌가 관장하니, 어느 정도 일리가 있다는 말이라고 하겠다.

일단 암기력을 높이기 위해 유념해야 할 것은 다음과 같다. 입력이 잘되어야 출력도 잘된다는 것. 뇌에서 기억을 관장하는 부분은 정서를 관장하는 대뇌 변연계와 인접해 있다. 고로 정서와 관련된 것들은 더 쉽게 기억한다. 시험 볼 때와 같은 환경을 만들어 놓고 공부하는 것이 암기력 향상에도 좋다는 말씀! 시간을 맞춰 놓고 긴장된 상태에서 문제를 풀어 보자. 평상시 편안한 상태에서 암기하다 보니, 정작 시험 치는 순간에는 긴장되어 뇌가 쉽게 정보를 출력하지 못한다. 이런 학습법을 평소 연습해 두었다면 시험장에서도 문제를 풀어 나가는 데 큰 어려움이 없을 것이다.

그리고 수면도 기억에 아주 많은 영향을 끼친다. 오늘 공부한 것을 다음 날 다시 공부할 때, 훨씬 잘 기억된다는 것을 한 번쯤 경험해 보았을 것이다. 이스라엘 바이츠만 연구소의 연구에 따르면, 꿈을 꾸는 렘수면이 방해받으면 학습이 완전히 차단된다고 한다. 그러나 꿈을 꾸지 않는 수면은 방해를 받아도 학습에 영향을 끼치지 않는다. 충분한 수면은 기억력을 향상시키는 데 도움이 된다.

그래도 긴장된다면 이렇게 해 보라. 일단 시험지를 받아들고 크게 3회 심호흡한 뒤, 머릿속으로 무한대(∞)를 그려 본다. 이는 좌뇌와 우뇌를 통합시켜 뇌가 제 기능을 잘 발휘할 수 있게 하는 워밍업이다. 오른손 엄지를 치켜들고 10회 정도 무한대를 그린 다음, 왼손 엄지를 치켜들고 10회 정도 그린 뒤 시험 문제를 풀어 나간다.

마지막으로 시험을 잘 보았던 때를 기억하게 하는 심볼을 만드는 방법을 소개한다.

1. 심볼로 삼을 물건을 하나 정한다. 시험장에 갖고 들어갈 수 있는 지우개, 연필, 시계 중 마음에 드는 것을 고른다.

2. 지금까지 치렀던 시험 중 가장 술술 풀어 가던 시험을 떠올리며 그 느낌을 세밀하게 느껴 본다. 그 느낌이 팽창했는지, 아니면 환했는지 당시 내 몸과 마음 상태를 최대한 느끼면서 왼손(오른손은 문제를 풀어야 하므로. 만약 왼손잡이라면 오른손)에 지우개나 연필을 꽉 쥐도록 한다.

3. 눈을 뜨고 몸을 흔들어 준다. 다시 눈을 감고 3회 크게 심호흡한 다음 머리부터 발끝까지 이완한다.

4. 심볼로 삼은 지우개나 연필을 왼손으로 잡고 힘을 꽉 줄 때, 2번 과정에서 했던 그 느낌이 살아나는지를 확인한다. 잘 살아난다면 2번 과정이 나의 무의식에 성공적으로 각인된 것이고, 잘 살아나지 않는다면 그 과정을 반복하며 각인시킨다.

5. 눈을 뜬 상태에서 다시 왼손에 연필이나 지우개를 집는다. 자신감이 넘치고 집중력이 강화되는 내 몸의 느낌을 느낀다.

6. 이 과정을 수시로 반복한다. 왼손에 연필이나 지우개를 쥐면 반사적으로 내 몸의 상태가 최상이 되도록 훈련한다.

이러한 과정을 NLP에서는 앵커링(Anchoring)이라고 한다. 닻을 내린다는 의미로 몸의 상태를 최적의 상태로 만드는 훈련법이다. 뇌 훈련 책에서는 브레인 버튼(Brain Button)이라고 표현하기도 한다. 버튼을 누르면 온(on) 상태가 되어 나의 에너지가 변화한다는 뜻이다. 간단하고도 유용한 방법이니 연습하여 숙련시키자.

1. 시험 상태와 비슷한 긴장된 상태에서 공부하고 암기하면 실전에서
도 기억이 잘 난다.

2. 머릿속으로 무한대(∞) 그리기를 반복하면 좌뇌와 우뇌를 통합시켜
뇌 기능이 잘 발휘된다.

3. 지우개나 연필 등에 시험을 잘 풀던 기억을 투사하여 심볼을 만든다.
이것은 언제든 그 에너지로 접속하여 최적의 몸 상태를 만드는 앵커
링 훈련법이다.

나만의 색깔을 찾아라!

장단점을 파악하는 스토리 명상

자네는 사회성도 좋고 리더십도 있으니 컨설팅 회사에 추천서를 써 주지.

감사합니다. 교수님~

자네는 영어 실력이 좋으니 외국계 은행이 적당하겠군.

아임 파인, 땡큐, 앤쥬?

자네는…

예, 저는 특별히 잘하는 건 없고…

누군가?

발라당

(존재감 제로인 학생)

세상 모든 일에는 일상일단(一長一短)이 있듯이 사람도 누구에게나 잘하는 부분이 있으면 부족한 부분도 있기 마련이다. 보통 이때 우리는 부족한 면에 초점을 맞춰 그것을 개선하려고 애쓰지만, 그럴수록 그 점이 부각되어 더 의기소침해질 위험이 있다. 반면 강점에 초점을 맞추고 키워 나가면 자신감이 증가하는 것은 물론, 자신만의 색깔을 찾는 데도 도움이 된다.

여기서는 내면의 강점과 약점을 찾아내 그것을 보완 발전시키는 스토리 명상법을 소개하도록 하겠다.

1. 편안하게 심호흡하고 머리부터 발끝까지 이완한다. 눈을 감고 가장 먼저 떠오르는 것이 무엇인지 말해 본다. 눈을 감고 연상하는 것이 잘 안 되면, 도화지에 식물, 나무, 동물 이 세 가지 중 가장 먼저 그리고 싶은 것을 그린다.

2. 식물이면 식물의 이름을 말하고 동물이면 동물의 이름, 나무면 나무의 이름을 말한다.

식물이 떠오르면 지금 나의 상태는 여성성이 부각된 상태고, 동물이 떠오르면 남성성이 부각된 상태며, 나무가 떠오르면 중성성이 부각된 상태다. 누구에게나 여성성과 남성성이 공존한다. 여성성은 수동적이고 음적인 것을 의미하고, 남성성은 공격적이고 적극적이며 양적인 것을 의미한다. 중성성은 대체로 조화로운 상태를 의미한다. 이는 그때그때 변할 수 있으며, 지금 떠올린 성향이 영원하지는 않다. 상황에 따라 내재된 여성성이 강하게 드러날 때가 있고, 남성성이 강하게 드러날 때가 있다.

3. 식물이든 동물이든 떠오른 대상을 세밀하게 관찰하면서 그 특성을 표현한다.

예를 들어 장미가 떠올랐다고, 가정해 보자. 그러면 장미를 클로즈업하여 보기도 하고 멀리서 보기도 하면서 마음이 어느 곳에 머무르는지 살펴본다. 다른 장미들과 어우러져 피어 있지 않고 홀로 외롭게 핀 장미에 마음이 머물렀다면, 그 이유를 잠시 생각해 본다. 이러한 경우 나의 주된 특성이 '홀로 외롭게 핀 장미'로 형상화되었을 가능성이 있다. 아름답기는 하지만 친구들이나 사람들 없는 곳에 홀로 떨어진 모습이므로, 약간 외로운 자신의 상태가 반영된 것이다.

4. 그다음 단계로 그 장미의 특성, 주로 장단점이 무엇인지를 생각해 본다.

예를 들어 꽃송이가 탐스럽긴 하지만 잎이 무성하지 않아 언밸런스하게 보인다고 가정해 보자. 그러면 그것이 무엇을 상징하는지 생각해 본다. 통찰할 때마다 각기 다른 생각이 떠오를 수 있다. 장미 송이가 탐스럽게 무성하다는 것은 그 사람이 갖고 있는 역량이나 성장, 일에 대한 욕심이 아주 크다는 것을 상징하기도 한다. 또 장미라는 꽃은 돋보이고 사랑받고자 하는 성향과 타인에게 인정받기를 원하거나 명예에 대한 욕심이 많음을 상징할 수도 있다.

장미에 대해서 통찰하면 자연스럽게 나의 상황과 대비되면서 자신을 객관화시켜 바라볼 수 있다. 탐스러운 꽃송이에 비해 잎이 무성하지 않다는 것은 자신감이나 자긍심, 사랑받고자 하는 욕심이 너무 강하다는 뜻으로, 꽃 피우기 전 단계로서의 어떠한 절차나 필요한 일들에 소홀함을 상징한다.

따라서 이러한 이미지를 통해 스토리를 만들면서 자신을 객관화시켜 어떠한 선택을 해야 하는지 생각해 보아야 한다. 잎을 푸르게 하려면 나의 노력이 필요한 법. 사랑받고 인정받으려는 욕심을 부리기보다는 조화로운 정원을 만들기 위해 노력해야 함을 암시하는 이미지라고 이해하자. 그리고 먼저 동료나 상사에게 다가가 일의 절차를 생각하면서 기본을 충실하게 다져 나가는 데 에너지를 집중한다. 그러면 어느새 당신 주위에 탐스럽게 피어난 아름다운 장미들을 발견할 수 있을 것이다.

5. **떠올린 이미지가 무엇을 상징하는지 파악한 뒤, 탐스럽게 푸른 잎들이 많아진 장미가 다른 장미들과 어우러진 모습을 이미지로 그려 본다. 그다음 그 영상을 스토리로 만들어 글로 적거나 언어로 표현한다.**

사람은 누구나 관심받기를 원하고, 있는 그대로의 모습으로 상대에게 수용되어 사랑과 칭찬을 받기 원한다. 타인뿐 아니라 자신에게도 마찬가지다. 사람에 따라 자신에게 엄격한 사람도 있고, 자신의 감정이나 욕망에 죄의식을 갖고 그것을 부정하려는 사람도 있다. 그러한 자기 부정은 왜곡된 형태로 표현되어 육체적·정신적 건강에 영향을 미치는 것은 물론, 타인과의 관계에서도 불협화음을 일으킨다. 자신을 객관화시켜 행동, 생각, 느낌, 감정과 그 이면에 감춰진 다양한 욕구와 욕망을 바라보고 알아차리는 것은, 수용과 사랑, 그리고 용서로 나아가는 길이다. 나아가 타인을 이해하고 공감하는 능력을 키워 주어 사회적으로 건강한 개인으로 성장하는 데도 도움이 된다.

내 적성은 You~

1. 약점에 초점을 맞추면 의기소침해지기 쉽고, 강점에 초점을 맞추면 자신감이 증가하고 자신의 색깔을 찾는 데 도움이 된다.

2. 눈을 감고 가장 먼저 떠오르는 식물이나 동물, 나무의 특성을 세밀하게 살펴본다. 어떤 의식 상태가 반영되어 그것이 떠올랐는지 그 이유를 생각해 본다.

3. 떠오른 대상을 통찰하면서 그 장단점을 파악한다. 자연스럽게 현재 자신의 상황과 대비되면서 자신의 욕구와 욕망을 객관화하여 바라볼 수 있다.

2부

오전 정찰 모드

AM 09:00

닥치고 스트레칭! 하루 업무를 시작하는 기체조 | **렛츠고! 척추 댄스** 바른 자세 교정법 | **멍 때리며 하루를 보낼 순 없다** 뇌를 깨우는 팔굽혀펴기&자기 암시 명상 | **엔도르핀은 나의 힘** 통증 치료 웃음 명상 | **비움의 미학** 변비 해결 장운동 | **심! 기! 혈! 정! 살빼기** 직장 최적화 다이어트 운동 | **광합성 디저트 타임** 점심 후 산책 명상 | **면접 볼 때 우황청심환을 깜빡했다!** 발표 긴장 완화 명상 | **모처럼 정장을 입었는데, 허리가 터질라 그런다!** 다이어트 스트레스를 줄이기

6. 닥치고 스트레칭!

하루 업무를 시작하는 기체조

남들 다 일 시작했는데
커피 타느라 혼자 분주

자리에 앉자마자
개인 전화 하느라 분주

전화 끝나면
카톡방 참견하느라 분주

아침 업무를 시작하는 방법은 사람마다 각기 다르다. 컴퓨터를 켜고 메일을 확인하는 사람, 차 한 잔 타서 자리에 앉는 사람, (매우 드물긴 하지만) 어제 어지른 책상부터 정리하는 사람 등. 출근하여 잠시 쉼표를 찍고 업무를 시작하는 것과 그렇지 않은 채 업무를 시작하는 것의 차이는 아주 크다고 하겠다.

먼저 간단한 스트레칭으로 업무의 문을 열어 보는 것은 어떨까? 업무 능률을 올리는 바른 자세를 갖기 위해서는 스트레칭이 필수다. 선삼각 자세라고 하는, 좌우 밸런스를 잡아 주는 기체조를 소개한다.

1. 양발을 어깨너비보다 조금 넓게 벌리고 선다.

2. 그대로 숨을 들이마시고 양팔을 크게 벌리면서 오른손을 오른발 옆 바닥에 닿도록 하고, 숨을 내쉬면서 제자리에 돌아온다. 같은 방법으로 동작을 반복하면서 이번에는 더 멀리 오른손을 뻗어 준다. 이때는 호흡과 함께 동작을 해야 하고, 다리가 구부려지면 안 된다.

3. 숨을 들이마시면서 제자리로 돌아오고 내쉬면서 양팔 그대로 엉덩이 옆으로 내린다.

4. 같은 방법으로 왼손이 오른발 옆 바닥에 닿도록 하는 동작을 두 번 반복하고 제자리에 멈춘다. 이때 불편한 곳이 있다면 한 번 더 해 주는 것이 좋다.

선 삼각 자세 체조

5. 기체조를 마친 뒤 조용히 의자에 앉아 눈을 감고 머리부터 발끝까지 나의 뼈를 느껴 본다. 두개골부터 발가락뼈까지 천천히 느끼면서 좌우 밸런스가 갖춰진 골격 구조를 생생한 이미지로 그린다. 멋진 골격 구조를 컴퓨터에 저장해 두고 수시로 보는 것도 이미지화에 도움이 된다.

6. 생생한 이미지가 그려지면, 실제로 박하 향기를 맡는 것처럼 코로 흡입하면서 그 느낌을 입으로 표현한다.

7. 일하는 중간중간 자세가 흐트러진 것 같을 때, 다시 골격 구조 사진을 보며 자세를 바로잡고 올바른 자세에 대한 습관을 끊임없이 길러 나간다.

우리 뇌 속에는 거울 뉴런이란 신경이 있다. 남의 행동과 의도를 모사하는 신체 지도라고 할 수 있는데, 이는 타인의 감정을 인식하는 데도 적용된다. 영화나 연극을 볼 때 우리는 그들의 행동이나 감정을 거울에 비추듯 모사하여 그 내용에 공감한다. 축구 경기를 보다가 결정적인 순간에서 나도 모르게 발이 휙 나가는 것도 그 모사 능력 때문이다.

흐트러지지 않은 자세로
눈을 감고 앉는다.

그 자세 그대로
나의 뼈를 느껴 본다.

자기 암시! 자기 암시!

무용하는 사람을 보고 난 뒤 그 몸놀림을 따라 할 수 있는 것도 마찬가지다.

이 원리를 활용한 방법을 '운동 심상화법'이라고 한다. 상상 속에서 운동하여 실제 운동 능력을 키우는 방법이다. 비행기 조종사들이 모의 조종 훈련을 통해 실제 조종 능력을 키우는 것도 같은 원리라고 하겠다. 세밀하고 생생하게 관찰할수록 이 거울 뉴런은 더 활성화된다.

이 원리에 따라 밸런스가 잘 맞춰진 뼈 이미지를 자꾸 들여다보며 내 뼈도 그렇게 된다고 생각하고 움직여 보자. 뇌 속 거울 뉴런들이 발달하여 어느새 내 몸도 따라 하게 될 것이다. 바르게 걷는 사람의 동영상을 보거나 내가 원하는 멋진 몸매의 소유자의 움직임을 세밀히 관찰하는 것도 도움이 된다.

호오~ 뭐가 달라진 거지?

워커홀릭을
위한
3줄 요약

1. 출근하여 스트레칭을 하고 업무를 시작하는 것과 그렇지 않은 채 업무를 시작하는 것은 차이가 크다.

2. 선 삼각 자세 기체조 후 자리에 앉아 좌우 밸런스가 잘 맞춰진 나의 골격 구조를 상상하며 명상한다.

3. 올바른 골격 구조의 이미지를 마련해 놓고 수시로 보면, 거울 뉴런의 원리에 따라 나의 골격 구조도 그렇게 변화한다.

닥치고 스트레칭!

7. 렛츠고! 척추 댄스

바른 자세 교정법

장소

회사 > 내 자리

상태

비도 안 오는데 왜 허리가?

스트레칭으로 몸을 풀었다면 이제는 책상에 바른 자세로 앉아야 한다. 자세를 잡을 때 가장 중요한 부위가 척추다. 척추는 우리 몸의 대들보와 마찬가지인 기관이고, 척추 질환은 직립 보행을 하는 사람만이 갖는 숙명적인 질환이라 할 수 있다. 척추 건강을 위해서는 바른 자세를 유지하는 것이 중요한데, 사실 우리는 일상에서 알게 모르게 척추에 부담을 주는 자세들을 습관처럼 행하고 있다. 무거운 가방을 한쪽으로만 메고 다니기도 하고, 삐딱한 자세로 TV를 보기도 한다. 고로 매 순간 자신의 몸을 바라보고 바로잡으려는 노력이 필요하다.

근육이 경직되면 척추는 제 모습을 유지할 수 없다. 장기에 문제가 있어도 척추가 영향받는다. 간이 부담을 받아 비대해지면 견갑골이 불룩하게 등 뒤로 튀어나오기도 한다. 당연히 척추에 부담을 준다. 우리 몸은 유기적으로 연결되어 있어 따로 떼어 생각할 수 없다.

먼저 생활 속 유용한 척추 건강법을 소개하도록 하겠다.

1. 눈을 감고 깊이 3회 심호흡한다. 이마부터 발끝까지 차례로 그 이름을 불러 주며 긴장을 푼다.

2. 하늘에서부터 빛처럼 가느다란 선이 내 몸 중심과 꼬리뼈를 통과한다고 상상한다.
   그 선이 바람에 흔들리듯 앞뒤로 또는 시계 방향으로 흔들린다고 상상한다.

3. 하늘에서부터 시작된 작은 움직임이 점점 내 머리를 통과하여 꼬리뼈까지 춤을 추듯이 흔들리는 회로를 만든다.

4. 몸이 앞뒤로 흔들리기도 하고, 옆으로 돌기도 한다. 작은 진동이 내 몸의 중심에서 일어나기도 하는데, 그 회로에 집중하면서 에너지 흐름에 몸을 맡긴다.

5. 이때 고개가 약간씩 움직여지고, 경추(목등뼈), 흉추(등뼈), 요추(허리뼈), 꼬리뼈까지 에너지의 춤이 나온다. 그렇게 3분에서 5분 정도 에너지 춤을 춘다.

동남이 순회공연을
마치고 돌아온

척추 댄스의
달인을
소개
합니다~

직딩 여러분, 자리에서 일어나
다 함께 따라 해 주세요!

으쌰~
으쌰~

당신의 소중한
척추! 경추! 흉추! 요추!

꼬리뼈를
위하여~

렛츠고, 척추 댄스!

뇌파가 떨어지고 긴장이 풀리면 기의 흐름을 쉽게 느끼는 상태가 된다. 이 상태는 자율 진동이라고 하여 내가 상상하는 대로 몸이 움직여지기 쉽다. 작은 진동을 따라 척추의 움직임이나 척추와 연결된 근육에 집중하자. 그러면 자연스럽게 마음이 가는 곳에 기, 혈, 정이 가게 되어 내 몸의 밸런스를 바로잡는 동작이 나온다. 자율 진동을 잘 활용하면 적은 노력으로 큰 효과를 기대할 수 있다.

만약 집에 있다면, 편안하게 선 자세에서 경쾌하고 빠른 음악을 튼다. 그리고 하늘에서부터 머리를 통과하여 척추를 따라 흐르는 빛 선을 만들어 그것을 회전시킨다. 그 회전에 맞춰 내 몸을 움직이며 춤추는 것이다. 이때 내 몸은 오로지 뼈로만 구성되어 있다고 상상해야 한다. 그러면 내 몸이 뼈의 춤을 추는 것처럼 느껴지고, 척추를 교정하는 동작이 자연스럽게 나온다.

이 정도 림보쯤이야

1. 우리는 일상에서 척추에 부담을 주는 자세들을 습관처럼 취한다.

    매 순간 자신의 몸을 인식하며 바로잡으려고 노력해야 한다.

2. 빛처럼 가느다란 선이 수직으로 내 몸 중심을 통과한다고 생각한다.

    그 선을 축으로 삼아 몸을 맡기고 에너지 춤을 춘다.

3. 뇌파가 떨어지고 기의 흐름을 쉽게 느끼는 자율 진동 상태가 되었을

    때, 내 몸의 밸런스를 바로잡아 주는 교정 동작이 나온다.

8. 멍 때리며 하루를 보낼 순 없다

뇌를 깨우는 팔굽혀펴기&자기 암시 명상

아이디어!
아이디어!

머리를 쥐어짜고
다크서클을 쥐어짜서
시안을 만들었건만,

이걸 지금 아이디어라고
갖고 온 거야?

다시 해 와!

에라, 모르겠다.
될대로 되라지!

쓱 쓱

오우 완전
신선한데?

어쩌라구
쾅

우당탕

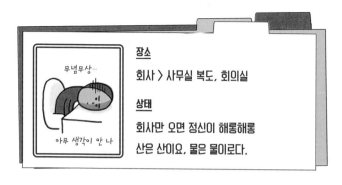

장소

회사 > 사무실 복도, 회의실

상태

회사만 오면 정신이 해롱해롱
산은 산이요, 물은 물이로다.

무념무상...

아무 생각이 안 나

생체 리듬에 따라 우리 신체와 감성과 지성의 상태는 좋고 나쁨을 반복한다. 평소와 다름없는데도 그 주기에 따라 힘이 넘쳐흐를 때가 있는가 하면, 괜히 오징어처럼 흐물흐물할 때도 있다. 전날 잠을 설쳤다거나 과음했다거나 심리적으로 스트레스를 많이 받았다면 말할 것도 없다. 그야말로 물에 젖은 솜처럼 축 늘어져 컨디션이 엉망이 된다. 이는 우리 몸에 피로 물질이 많이 쌓여 있다는 말인데, 뇌가 피로하니 업무 능력이 당연히 떨어질 수밖에!

하지만 피곤하다고 마음대로 쉴 수도 없는 것이 현실이다. 이럴 때는 마음을 달리 먹는 수밖에 없다. '어제 야근해서 나는 피곤해.'라고 생각하는 순간, 내 몸은 피곤 모드로 바뀌어 또 다른 피곤을 불러들인다. "아! 짜증 나, 머리 아파."라는 말을 자꾸 되뇌면 아프지 않았던 머리가 아파지는 것과 같은 원리라고나 할까? 아프다는 것은 몸이 보내는 일종의 사인이고, 그 사인에 내가 어떻게 반응하느냐에 따라 다른 결과가 나타난다.

피로물질이 쌓이고 뇌에 산소가 부족하면 쉽게 피로해진다. 집중력을 높이고 뇌를 건강하게 하기 위해서는 업무 중간에 잠시 눈을 감고 길게 호흡하여 충분히 산소 공급을 해 주는 것이 중요하다. 간간이 비타민과 미네랄이 충분히 들어 있는 채소나 과일을 먹는 것도 좋다.

여기에 더해 머리가 잘 돌아가지 않는다 싶으면 그 자리에서 벌떡 일어나 팔굽혀펴기를 해 보자. 갑자기 웬 팔굽혀펴기냐고? 뇌가 창의적인 생각을 활발하게 떠올리기 위해서는 시냅스의 양이 많아야 하고, 그 시냅스에서 신경 호르몬들이 잘 분비되어야 하기 때문이다.

집중하라. 이제부터 의학 용어 출몰한다.(또박또박 잘 읽지 않으면 뭔 말인지 모를 거다.) 시냅스는 뇌세포 간의 작은 틈을 말한다. 뇌세포는 축삭돌기와 수상돌기로 구성되는데, 이 돌기들은 다른 뇌세포와 시냅스를 통해 정보를 전달하고 전달받는 구조로 되어 있다. 여기서 뇌신경 전달 물질인 호르몬은 단백질로 이루어져 있는데, 뇌는 아주 중요한 기관이라 그곳을 통과할 수 있는 물질들이 제한된다. 즉 뇌로 가는 길에 있는 작은 막을 통과하기 위해 큰 분자의 단백질과 작은 분자의 단백질이 서로 경쟁한다. 뇌신경 전달 물질인 작은 분자의 단백질이 쉽게 뇌로 갈 수 없게 된다. 그런데 팔굽혀펴기처럼 근육 쓰는 운동은 큰 분자의 단백질을 에너지원으로 사용하므로 경쟁 상대가 없어진 작

은 분자의 단백질이 뇌로 잘 이동하게 된다. 적당히 운동하고 나면 기분이 좋아지고 학습 능력이나 업무 능력이 높아지는 것도 그 때문이다. 물론 여기서 중요한 것은 적당한 운동이다. 너무 많이 운동하면 피로 물질이 쌓여 졸음이 온다.

다음으로 뇌를 깨우는 자기 암시 명상법을 소개하겠다.

피로감이 너무 심해 집중조차 할 수 없다면 잠시 눈을 붙여 뇌를 잠시 쉬게 해 주는 것이 가장 좋다. 자는 동안에는 내장 기관으로 가는 에너지가 최소화된다. 그러면 에너지가 뇌 속으로 집중되어 뇌를 재구조화하는 데 쓰인다. 자고 일어나면 어제 암기했던 내용이 더 잘 기억되거나 전날 아주 슬펐던 감정이 조금 약화되는 경험을 한 번쯤은 해 보았을 것이다. 이 모든 것은 뇌가 재구조화 작용을 거쳐 안정화되었기 때문에 일어나는 일이다.

물론 잠깐 눈을 붙일 상황도 아니고, 졸리지도 않은데 멍한 상태로 집중이 잘 안 되는 경우가 대부분일 것이다. 이럴 땐 유튜브에 들어가 숲을 상징하는 새소리, 물소리 등이 나오는 음악을 이어폰으로 들으며 이미지 명상을 해 보자.

다음은 구체적인 방법이다.

1. 눈을 감고, 숨을 깊이 들이마셨다가 참을 수 있을 만큼 참은 다음, 입으로 내쉰다. 같은 동작을 3회 반복한다.

2. 이마의 힘을 빼고, 양 볼과 입 주위의 긴장을 푼다. 목, 어깨에서부터 점점 아래로 내려가 양발까지 긴장을 푼다.

3. 편안하게 그대로 숨을 들이마셨다가 내쉬면서 "숨을 쉴수록 편안해지고 깊어진다."고 입술을 천천히 움직이며 나지막이 자기 암시를 건다.

4. 숨을 쉬면서 긴장이 다 풀렸다고 생각되면 실제로 숲 속을 거니는 상상을 시작한다.

5. 숲의 향기를 실제로 맡는 상상을 하면서 "음~ 숲의 향기가 내 몸을 깨어나게 한다. 기분이 좋아진다."라고 표현한다. 구체적으로 내 몸 어디가 편안해지고 기분이 어떻게 좋아지는지 정확하게 표현하는 것이 중요하다.

6. 시원한 시냇물 소리에 귀를 기울이고 그 흐르는 곳으로 다가간다. 물이 흐르는 소리와 그 이미지를 연상하는 것만으로도 시원한 느낌이 든다. 그 느낌을 더 크게 느끼도록 확장하고 시원한 물에 손을 담그고 세수하는 상상을 한다. "아, 손이 시원하다, 얼굴이 차갑고 정신이 번쩍 든다."라고 구체적으로 그 느낌을 표현한다.

7. 숲 속에서 뛰어다녀 보기도 하고, 소리도 질러 보고, 크게 웃어도 본다. 이때 실제 소리를 내지는 않아도 웃는 얼굴을 하는 것이 좋다.

8. 상상의 숲 속 여행을 마쳤으면 '피로 끝, 활력 충전.'이라는 긍정의 언어를 생각하며 활력적으로 일하는 자신의 모습을 상상하고 눈을 뜬다.

물소리와 새소리 등 자연의 소리는 뇌파를 안정시키고 심신을 이완시키는 데 아주 좋다. 긴장되고 흥분된 상태라면 현악기나 관악기로 연주되는 차분한 음악을 듣고, 기분이 가라앉고 힘이 없을 때에는 타악기나 빠른 템포의 음악을 들어 보자. 유튜브에서 명상 음악을 검색하면 다양한 음악들이 나온다. 그중 자신과 어울리는 음악을 선택하여 활용하면, 맑은 정신으로 하루를 시작하는 데 도움이 된다.

아이디어 반짝반짝!

워커홀릭을
위한
3줄 요약

1. 피로감이 너무 심해 집중조차 할 수 없을 때에는 잠시 눈을 붙여 쉬는 것이 가장 좋다.

2. 머리가 잘 돌아가지 않을 때 팔굽혀펴기를 하면 뇌가 활발하게 활동하여 기억력이 좋아지고, 창의적인 생각이 잘 떠오른다.

3. 숲 속을 상징하는 새소리, 물소리 등이 나오는 음악을 이어폰으로 들으면서 숲 속을 걷는 이미지 명상을 한다.

9. 엔도르핀은 나의 힘

통증 치료 웃음 명상

장소

회사 〉 내 자리

상태

김 대리가 묻는다. "어디 아프세요?"
(이게 원래 내 표정이란 말이다!)

TV에서 약 광고가 한창이던 때 "두통, 치통, 생리통엔 게맛살!" 하는 광고가 자주 나왔다. '빨간약'과 함께 국민 약이라고 불리는 진통제인데, 지금도 약국에서 살 수 있는 일반 약 중 그 비율이 아주 높다.

통증은 불쾌하고 두려운 경험 가운데 하나다. 객관적으로 그 수치를 측정할 수는 없지만, 주관적으로는 가벼운 통증에서부터 바늘로 찌르는 듯한 통증, 욱신거리는 통증까지 그 종류도 다양하다. 통증은 세포나 조직이 손상되었거나 문제가 있다는 것을 미리 알려 주는 역할을 하므로, 반복되는 두통이나 생리통이 있다면 병원에 가서 검진을 받아 보는 것도 좋다.

일단 통증의 원인을 알아야 처방도 가능할 텐데, 이게 좀 어렵다. 두통이나 생리통은 혈액이 부족한 경우에도 생기기 쉽다. 산소 공급이 원활하지 않아서 생길 수도 있고, 뇌로 가는 혈액량이 감소하여 생길 수도 있다. 스트레스로 인한 만성 통증도 있다. 그야말로 그 원인은 한

둘이 아니다. 그러니 그 해결법을 찾기도 쉽지 않다.

통증의 원인을 모를 때 가능한 방법이 바로 '이이제이(以夷制夷)'다. 통증으로 통증을 이기는 방법이다. 통증은 일종의 자극이다. 책상 모서리에 무릎을 부딪쳤을 때, 나도 모르게 무릎 부위를 손바닥으로 문지른다. 새로운 자극을 주어 먼저 생긴 자극을 약화하는 원리다. 이 원리를 이용하여 손바닥에서 머리에 해당하는 부위를 볼펜 끝으로 자극하는 것도 도움이 된다.

다음은 손바닥에 우리 몸 각각의 기관을 표현한 그림이다. 수지침에서는 손바닥 부위를 자극하면 두통 해소에 좋다고 하여 이 방법을 많이 활용하고 있다. 두통이 생길 때 손바닥에서 머리에 해당하는 부분이 가운뎃손가락이니 그곳을 강하게 자극해 준다. 볼펜 끝으로 다른 곳을 눌러서 아픈 곳이 있다면 그곳도 자극해 준다.

한의학에서 병을 보는 관점은 서양 의학과 다르다. 서양 의학은 몸을 따로따로 분리하여 생각하는 반면, 한의학에서는 하나로 연결된 유기체로 본다. 즉 한의학에서는 두통이 발생하는 이유가 오로지 뇌의 문제 때문이 아니라 각 장기의 상생상극 관계 때문이라고 본다. 즉 위의 기능이 안 좋아도 두통이 생길 수 있다. 만약 손가락을 볼펜으로 자극했을 때 위 부위의 아픔이 강하다면 그곳도 함께 자극하라.

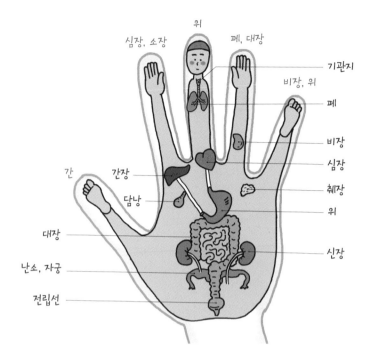

위
심장, 소장
폐, 대장
기관지
비장, 위
폐
비장
심장
췌장
위
신장
간
간장
담낭
대장
난소, 자궁
전립선

다음은 가벼운 두통이나 생리통에 좋은 스트레칭과 명상법이다.

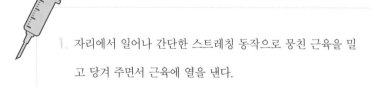

1. 자리에서 일어나 간단한 스트레칭 동작으로 뭉친 근육을 밀
   고 당겨 주면서 근육에 열을 낸다.

2. 그대로 의자에 편안히 앉아서 깊게 숨을 들이마시고 최대한 멈추었다가 내쉬기를 3회 반복한다.

3. 얼굴과 어깨의 긴장을 풀고 차례로 내 몸의 명칭을 발끝까지 불러 주면서 긴장을 푼다.

4. 천천히 손을 앞으로 모은다. 숨을 들이마시면서 양손을 벌리고 숨을 내쉬면서 손을 모은다. 손과 손 사이에 나의 뇌가 들어 있다고 상상하며 호흡한다.

5. 1분 정도 손을 벌렸다 오므렸다 하며 호흡을 고른다. 천천히 손을 무릎 위에 내려놓은 채, 얼굴에 환한 미소를 지으면서 입으로는 웃음소리를 낸다. 웃음소리를 온몸으로 확장시키면서 5분 정도 웃음 명상을 한다.

웃을 때 뇌에서는 엔도르핀이라는 모르핀 유사 물질이 분비되어 강한 진통 소염 작용이 일어난다. 웃음소리가 담긴 음원을 활용하여 신나게 웃어 주면 효과가 더욱 좋다.

단 사무실에서 혼자 웃으면 실성한 사람이나 변태 취급당할 수 있으니, 조용히 그 소리를 상상해 보는 것도 방법이겠다. 소리를 내지 않아도 웃을 때 사용되는 근육들이 자극받고 뇌에서는 웃는다고 인식하므로, 거의 비슷한 효과를 낼 수 있다.

냐하하하~

엔도르핀이여, 솟아라!

워커홀릭을 위한 3줄 요약

1. 통증은 우리 몸에 문제가 있다는 것을 미리 알려 주는 역할을 한다.

2. 통증은 또다른 통증으로 약화시킬 수 있다. 손바닥에서 각 내장 기관에 해당하는 부위를 볼펜 끝으로 자극하면 통증이 줄어든다.

3. 웃음 명상을 하면 진통 소염 작용을 일으키는 엔도르핀이 뇌에서 분비되어 통증을 감소시킨다.

10. 비움의 미학

변비 해결 장운동

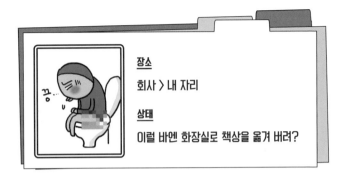

장소
회사 > 내 자리
상태
이럴 바엔 화장실로 책상을 옮겨 버려?

잘 먹고 잘 자고 잘 싸야 건강하다는 것은 누구나 알지만, 그 실천은 그리 쉽지 않다. 누가 변비를 걸리고 싶어서 걸리겠는가. 불규칙한 식습관 때문에, 쫓기는 아침 시간으로 변의를 느낄 때 화장실을 가지 못해서, 또 곰팡이와 같은 해로운 균이 장 안에 많아져서 우리는 변비로 고생한다.

변비는 그 자체로 건강에 안 좋은 영향을 줄 뿐 아니라 간에도 무리를 준다. '장간 순환'이라는 말을 들어 보았는가? 이는 장에서 생긴 암모니아를 해독하기 위해 간으로 암모니아가 재흡수되는 순환을 뜻한다. 간은 우리가 먹는 음식물을 해독하고 에너지를 만들어 내는 등 할일이 많은 장기다. 그런데 장이 안 좋으면 장간 순환으로 재흡수된 암모니아까지 간이 해독해야만 하니, 그야말로 부담이 이만저만이 아니다. 간이 해독하지 못한 암모니아는 혈액을 통하여 신장에 무리를 주기도 하고, 요산이 증가하여 통풍과 같은 질환들을 일으킬 수도 있다.

변비나 설사가 잦은 경우 장내 가스가 많이 생겨 속이 더부룩해지고, 그 압력이 척추에도 영향을 주어 요통을 유발하는 2차 사고가 나기도 한다. 장기적으로 성인병에 노출되기 쉬운 환경을 만들기도 하니 변비는 꼭 해결해야 하는 문제다.

가장 기본적인 방법으로 먹는 것부터 바꿔 보자. 알다시피 변비에는 섬유질과 유산균이 좋다. 섬유질은 야채 주스에 많다. 양배추와 감자, 요구르트를 적당량 넣어 믹서기에 갈아 먹으라. 유산균은 요구르트나 낫또, 청국장, 김치와 같은 음식에 많이 들어 있다.

더불어 장운동을 병행해야 한다. 밀어내는 힘을 기르기 위해서는 내장 근육도 운동해야 하는 것이다. 소식이 왔는데, 밀어낼 힘이 없다면 얼마나 안타깝겠는가!

장운동을 위해서 축구공이나 농구공 등을 이용해 보자. 어떻게 이용하느냐고? 공을 배에 깔고 엎드려 이쪽저쪽으로 움직여 5분 정도 장을 풀어 주는 운동을 하면 된다. 집에서 시간을 내어 공과 함께 노는 것은 그리 어려운 일은 아니다. 하지만 공을 배에 깔고 엎드려서 회사를 돌아다닌다면 잠시 정신이 나갔거나 회사에 불만이 있어 시위하는 것으로 여겨질 수도 있다. 고로 이번 장에서는 사무실에서 할 수 있는 장을 건강하게 하는 간단한 운동법을 소개하도록 하겠다.

1. 깊게 숨을 들이마시고 최대한 참았다가 멈추기를 3회 반복하며 편안하게 머리끝부터 발끝까지 이완한다.

2. 숨을 들이마시면서 배를 최대한 팽창시키고 내쉬면서 최대한 수축시킨다.

   이때 숨을 들이마시고 배를 최대한 팽창시킨 뒤, 숨을 참고 팽창된 압력을 복부에 집중한다. 최대한 참았다가 숨을 내쉴 때는 위아래로 붙인 치아 사이로 "쓰~"소리를 내면서 아랫배를 내 몸 쪽으로 최대한 당긴다. 3~5분 정도 호흡과 함께 배를 최대한 팽창하고 수축하는 운동을 하면 아랫배가 따뜻해지기도 하고 트림이 나오기도 한다.

3. 나의 의식이 대장의 감각을 느끼는 순간, 눈을 감고 그 이미지를 그린다. 그리고 대장이 꿈틀꿈틀 움직이는 상상을 하며 조용하고 낮은 음악을 듣는다. 유튜브 사이트를 검색하면 쉽게 구할 수 있다. 음악에 맞춰 장이 움직이는 상상을 하며 '배 뿔록, 배 홀쭉'을 반복하면 제대로 장운동을 할 수 있다.

입으로 섭취한 음식은 소화 과정을 거쳐 장에서 흡수되고 배출된다. 배출되는 물질은 우리 몸에 필요 없는 물질이므로 오래 지니고 있는 것은 몸속에 쓰레기를 쌓아 두는 것과 마찬가지다. 쓰레기를 쌓아 두면 썩게 마련이고, 그 썩은 쓰레기는 우리 건강을 위협한다.

요즈음에는 해독 주스나 관장과 단식 등을 통해 내 몸을 정화하는 장 건강 해법들이 유행한다. 때로 주말이나 휴가 기간에 병원이나 힐링 센터에서 주최하는 프로그램을 활용하는 것도 한 방법이겠다. 바쁜 일과 속에서 내 몸을 돌볼 수 있는 시간이 적다는 이유로 변비를 대수롭지 않게 생각하는 것은 금물! 비움의 미학을 통하여 건강과 아름다움의 주인이 되길 바란다.

깨끗히 비우니까 너무 좋다

워커홀릭을
위한
3줄 요약

1. 변비는 그 자체로도 안 좋을 뿐만 아니라 간, 신장 등의 기관에도 무리를 준다. 통풍, 요통, 각종 성인병의 원인이 되기도 한다.

2. 변비를 퇴치하기 위해 식습관부터 바꾸자. 섬유질과 유산균을 많이 함유한 야채 주스, 요구르트, 청국장, 김치 등을 주로 먹는다.

3. 변을 밀어내는 힘을 기르기 위해서는 '배 뽈록, 배 홀쭉' 하는 장운동을 병행한다.

105
비움의 미학

11. 심! 기! 혈! 정! 살빼기

직장 최적화 다이어트 운동

음식 대신 솜을 먹는 다이어트에 대해서 들어보았는가? 그렇다. 해 괴하게 들리겠지만, 주스에 솜을 적셔서 먹으면 체중이 줄어든다는 얘 기가 불과 얼마 전만 해도 떠돌았다. 이 정도면 거의 괴담 수준이다. 다이어트가 외모를 위해서나 건강을 위해서나 필요한 선택이라는 거 모르는 바 아니지만, 솜은 좀 심했다.

사람들은 여러 가지 이유로 살이 찐다. 부모로부터 물려받은 유전적 요인이 작용하거나 식습관이 잘못되었거나 운동을 하지 않아서 등등 그 이유 참 다양하다. 그러므로 살이 찌는 원인을 바로 아는 것이 다 이어트를 위한 해답을 찾아내는 열쇠다. 하지만 그 말은 당장 다이어 트가 절박한 이들에게 무의미한 말이나 다름없을 테니 여기서는 삼가 도록 하자.

일단 여러분의 열화(?)와 같은 성원에 힘입어 근무 중에 할 수 있는 다이어트 운동법과 식욕을 억제하고 대사를 항진시키는 호흡법을 소개해 보겠지만, 다이어트에는 정답도 왕도도 없다는 사실을 알아 달라. 적게 먹고 많이 움직이는 것이 최선일 뿐!(다이어트 심리 기법에 대해서는 128쪽을 참고하시라.)

평상시 나의 몸에 집중하는 연습을 하면 다이어트에 도움이 된다. 『왓칭』이란 책에 소개된 '관찰자 효과' 실험을 한번 살펴보자. 여기 호텔 청소를 하는 두 집단이 있다. 그중 한 집단은 평소대로 청소하게 시키고, 다른 집단은 청소할 때 자신의 몸에 집중하게 했다. 즉 한 집단에게만 걸레질하거나 걸어 다닐 때 움직이는 근육과 출렁이는 뱃살에 집중하게 한 것이다. 그러고 나서 8주 뒤 두 집단을 비교해 보니 일하면서 몸에 집중한 집단 사람들의 체중이 줄었다고 한다.

이 실험은 '심기혈정(心氣血精)'의 한 예라고 할 수 있다. 심(心), 즉 마음이 가는 곳에 기(氣)와 혈(血)과 정(精)이 간다는 말로, 에너지가 나의 마음이 집중하는 곳에 모여든다는 뜻이다. 편안한 생각을 하면 기, 혈, 정이 편안한 상태가 되는 것, 즉 편안한 마음이 편안한 몸을 불러온다는 것이다. 이것은 약효가 없는 거짓 약을 진짜 약으로 가장하여 환자에게 복용시켰을 때 그 병세가 호전되는, 일종의 플라시보 효과와 같은 심리적인 효과를 말한다.

바쁜 일정 때문에 운동할 기회가 많지 않은 사람은 평소 집 안에서나 길에 다닐 때, 근육을 느끼면서 "근육 생성, 지방 분해."라는 말을 되뇌며 움직이면 좋다. 그렇게 자신의 근육에 집중하여 일하거나 걸으면 근육의 결이 느껴지고 자세도 바르게 교정된다. 또 힘이 들어가는 것이 느껴지고, 에너지 소모도 더 크게 된다.

다음은 위 방법과 병행하면 좋은 에너지 대사를 높이는 다이어트 호흡법이다.

1. 손을 살포시 갈비뼈 위에 올리고 "쓰읍!" 소리를 내면서 한 번에 최대한 깊게 숨을 들이마신다.

2. 최대한 숨을 참고 그 압력으로 흉곽을 확장시킨다.

3. 숨을 내쉬면서 이 사이로 "쓰~" 소리를 내면서 아랫배는 최대한 내 몸 쪽으로 당기고, 갈비뼈에 올려놓은 손을 양 갈비뼈 안쪽으로 눌러 주면서 호흡한다.

4. 최대한 숨을 참으면서 늘어난 흉과의 압력으로 등과 가슴 근육을 팽창시키고, 숨을 내쉬면서 아랫배를 내 몸 쪽으로 최대한 당긴다.

이 동작을 제대로 5회 정도만 반복해도 땀이 송골송골 맺히고 뱃살을 뺄 수 있다. 이 흉곽 호흡은 공복에 하는 것이 좋다.

결론적으로 무엇을 하든 깨어 있는 의식으로 집중하면 그 효과는 무의식적으로 하는 것보다 더 크다. 길을 걸어갈 때도 근육의 느낌과 복근에 집중하면 동작이 절도 있고 움직이는 그 자체가 즐거움이 된다. 의식적으로 호흡을 깊게 들이마셨다가 내쉬면 에너지 소모가 더 크다. 산소를 충분히 공급할 수 있는 조건을 만들어 지방을 태우는 데 도움을 주는 것이다.

지금 바로 여기에 깨어 있는 것이 처음에는 어렵겠지만, 습관이 되면 그 또한 점점 쉬워진다. 밥을 먹을 때도 혀의 느낌, 잇몸의 느낌, 음식을 씹는 힘 등에 집중하다 보면 자연스럽게 천천히 먹게 되어 소식(小食)을 할 수 있다. 우리가 늘 깨어 있다면, 군살도, 부정적 생각도 끼어들 틈이 없을 것이다.

하~ 새 옷을 사야겠어

1. 다이어트에는 정답도, 왕도도 없다. 적게 먹고 많이 움직이는 것이

   최선일 뿐!

2. 일하거나 움직일 때 "근육 생성, 지방 분해."라는 말을 되뇌면서 사용

   부위에 집중하면, 에너지가 그곳으로 모여들어 그렇지 않을 때보다

   더 많은 운동이 된다.

3. 흉곽 호흡은 에너지 대사를 높여 뱃살을 빼는 데 좋다. 무엇을 하든

   깨어 있는 의식으로 집중하면 무의식적으로 하는 것보다 그 효과가

   더 크다.

12. 광합성 디저트 타임

점심 후 산책 명상

점심 후 남는 시간을
인터넷에 허비할 게 아니라

회사 근처를 산책해 보는 건
어떨까 하는 생각이 들었다.

내일부터 맨날 해야지,
산책...

장소

회사 주변 공원, 벤치

상태

오늘도 너무 먹었나?

"식후 100보를 걸으면 능히 99세까지 산다.(飯後百步走, 能活九十九)"
는 중국 속담을 아는가? 식사 후 산책은 소화를 잘 시키는 것은 물론,
다이어트에도 좋고, 내장 운동도 부드럽게 시킨다. 흔히 밥을 먹고 바
로 눕는 경우가 있는데, 이러한 행동은 역류성 식도염을 유발하기 쉽
다. 옛날에 어르신들이 "밥 먹고 나서 누우면 소가 된다."고 하던 잔소
리도 그러한 위험을 막기 위함이 아니었을까? (참고로 소는 위가 여러 개
라 역류할 위험이 없다.)

각설하고, 핵심은 이거다. 식사를 적당히 한 뒤에 기분 좋을 정도의
빠르기로 산책하면 에너지 대사를 돕는다는 것. 걸으면 소화를 위해
에너지가 소비되고, 상대적으로 뇌가 피곤하여 졸음이 오는 것을 예방
할 수 있다.

다음은 식사 후 이미지 상상을 통한 에너지 활성화 명상법이다.

1. 땀이 촉촉하게 밸 정도로 걸은 뒤, 벤치에 조용히 앉아 깊게 3회 심호흡하고 편안하게 머리에서 발끝까지 이완한다.

2. 머리의 중앙에서 양쪽 옆으로 내 몸에 외곽선을 그어 내려간다.

3. 머리의 한가운데 백회 부위에 코가 있다고 생각한다. 그곳으로 숨을 들이마셨다 내쉬면서 1분간 호흡한다.

4. 호흡이 안정되고 백회의 느낌이 살아나면 그곳에 마음을 집중한다. 머리의 한가운데 백회에서부터 안테나처럼 밝은 에너지가 위로 뻗어 간다고 상상한다.

5. 밝고 가느다란 빛줄기가 백회에서부터 길게 우주 공간을 지나 근원의 자리, 즉 무극(無極)의 자리에 에너지 라인을 형성한다는 마음으로 깊게 호흡한다. 머리에서부터 우주 공간으로 길고 밝은 선이 형성되는 느낌이 들면서 기분도 아주 좋아진다.

6. 먼 우주에서 무한의 에너지가 백회로 들어오는 것을 위아래로 느끼며 얼굴에 환한 미소를 띠고 눈을 뜬다.

이는 식사 후 의식을 머리 위에 두어 졸음을 방지하고 기분을 상승시키는 이미지 상상법이다. 그렇게 라인이 형성되면 그다음에는 눈을 뜨고도 의식을 근원의 자리에서 머리까지 밝은 선을 유지하면서 지인들과 즐거운 대화를 나누어 보자.

좀 더 시간이 허락한다면 그 맑은 에너지의 선에 집중하면서 작은 파동들을 관찰한다. 그 파동이 내 몸으로 퍼져 가는 느낌에 집중하면서 자연스럽게 그 흔들림에 나를 맡겨 본다. 그 파동은 물결처럼 위아래로 흔들리다가 이중 나선 구조처럼 지그재그로 움직이기도 하고, 작은 무한대를 그리면서 위로 아래로 이동하기도 한다.

다양한 회로에 집중하면서 나의 내면으로 흘러가는 파장에 몸을 맡기면, 소화도 잘되고 기분까지 좋아진다. 좋아하는 음악을 들으면서 해도 무방하다. 회로를 따라 몸의 작은 진동을 충분히 경험한 뒤 오후 업무를 시작하면, 피로가 줄어들고 식곤증도 사라진다.

닫힌 공간과는 다르게 열린 공간에서는 우주의 에너지를 더 잘 느낄 수 있다. 에너지의 근원으로부터 라인을 형성했다는 내 생각이

소화도 시킬 겸
오늘도 야외로
고고씽~

유후~

렐썩

열린 공간에서
에너지의 파동을
느껴 보자.

몸과 마음과 영혼의 에너지가
온몸으로 퍼져 가는 이 느낌!

내 몸과 마음과 영혼을 점점 순도 높은 맑은 에너지로 변화시켜 줄 것이다. 그러한 에너지와 온전히 조율되면 자신도 모르게 몸과 마음과 영혼의 에너지가 변화되는 것을 느낄 수 있다.

나 소화 다 됐어요

워커홀릭을
위한
3줄 요약

1. 식사를 적당히 한 뒤 기분 좋을 정도의 빠르기로 산책하면 에너지 대사에 도움이 된다.

2. 머리 위에서 밝은 에너지 라인이 우주 밖으로 멀리 뻗어 나간다고 상상하며 에너지 활성화 명상법을 한다.

3. 닫힌 공간과는 다르게 열린 공간에서는 우주의 에너지를 더 잘 느낄 수 있을 뿐만 아니라 몸과 마음의 에너지도 맑게 변한다.

면접 볼 때 우황청심환을 깜빡했다!

발표 긴장 완화 명상

평상시에는 말도 잘하고 논리정연한 사람이 발표만 하려고 하면 영혼이 저 우주로 가 버리는 경우를 보았는가?(앗! 당신이 바로 그렇다고?) 맥박수가 증가하고 눈앞이 하얗게 변하여 대체 무슨 말을 하고 있는지 도무지 알 수 없는 이 위급한 상황! 완벽주의 성향이 강하거나 남에게 잘 보이고자 하는 욕구가 큰 경우 대개 이런 일이 발생하기 마련이다.

이럴 때를 대비하여 평소 호흡법을 생활화하기를 먼저 권한다. 시간 날 때마다 깊게 숨을 들이마셨다 내쉬는 연습을 하는 게 도움이 된다. 그리고 발표 전에 스트레칭을 하는 것도 긴장을 푸는 데 좋다.

여기서는 그다음 단계로, 자신만의 공간을 만드는 명상법을 소개하겠다.

내 영혼 돌리도…

1. 깊게 숨을 들이마시고 참을 수 있을 만큼 참았다가 내쉬는 호흡을 3회 반복한다.

2. 바닥에 원을 그렸다고 생각한다.(실제로 원을 그려도 좋다.) 그 원을 바라보면서 "이 공간은 그 무엇에도 영향을 받지 않는 절대 자유의 공간이며 분리 독립된 평화의 공간이다."라고 나지막하게 선언한다.

3. 그 원 안에 들어가 눈을 감고 천천히 머리부터 발끝까지 내 몸을 하나씩 불러 주면서 근육을 이완한다.

4. 충분하게 이완되면 숨을 쉰다. 쉬면 쉴수록 아주 편안해진다고 자기 암시를 하며 긴장된 부위를 풀어 준다.

5. 살아오면서 자신감 있게 어떤 일을 수행하였거나 상을 탔던 기억을 상기한다.

6. 그때 내 가슴이 어떠하였고, 내 기분은 어떠하였으며, 내 몸의 에너지 상태가 어떠하였는지를 최대한 확장해서 느껴 본다.

면접 볼 때 우황청심환을 깜빡했다!

7. 최대한 느낌이 충만해지면 이제 "이 원 안에 들어오면 나는 절대 자유의 공간으로 나의 잠재력을 최대한 발휘하게 될 것이다."라고 나지막하게 말한다.

8. 눈을 뜨고 그 원 안에서 나온다.

9. 다시 그 원 안으로 들어가 눈을 감고 심호흡하면서 몸의 변화에 집중한다.
   점점 자신감이 넘치고 앞에서 암시한 그 느낌이 살아나면 무의식에 잘 각인되었다는 증거다.
   만약 그런 느낌이 쉽게 되살아나지 않으면 앞 과정을 다시 반복한다. 원 안에서의 그 느낌을 최대한 확장해 무의식에 각인시킨다.

10. 다시 눈을 뜨고 원 밖으로 나왔다가 다시 원 안에 들어가 자신감 넘치는 에너지를 느껴 본다.

11. 눈을 감으나 눈을 뜨나 그 자신감 넘치는 에너지를 확장하는 연습을 수 회 반복한다. 그러고 나서 실제 발표에 임하면 예전과는 다르게 편안하고 멋지게 해낼 수 있다.

만약 발표에 실패했던 기억으로 사람들 앞에 나서는 것이 두렵다면 어떻게 해야 할까? 먼저 그 기억을 처리해 버려야 한다. 예를 들어 어릴 적 여러 사람 앞에서 노래를 불렀다가 선생님이나 친구들에게 망신당한 기억이 너무 강해 다른 사람 앞에 서는 것 자체가 공포인 경우가 거기에 해당하겠다. 다음은 그 처리 방법이다.

1. 이완을 시작하기 전에 지금 내가 겪고 있는 문제의 결정적인 사건이 된 어릴 적 기억을 찾아 들어가겠다고 나지막이 소리 내어 말한다. 지금 하고자 하는 명상에 대한 정확한 목표를 정하는 것이다.

2. 편안하게 숨을 들이마시고 최대한 멈추었다가 내쉬기를 3회 반복하며 머리부터 발끝까지 긴장을 푼다.

3. 맑고 신비스러운 에너지가 뇌 속으로 스며들어 온다고 생각하면서 머리에서 목을 거쳐 팔과 손가락 끝까지 퍼져 나가도록 한다. 다시 목에서 가슴과 배를 거쳐 양 다리와 발끝까지 퍼져 나간다고 생각한다. 점점 몸이 가벼워지는 것을 느끼면서 의식이 내 몸 밖에서 나를 바라보는 관점을 만든다.

4. 편안한 상태가 되었다는 생각이 들면, 눈앞에 가로 선을 만든다. 가로 선의 중심점이 현재이고 왼쪽은 과거이며 오른쪽은 미래를 상징한다.

5. 천천히 중심에서 왼쪽 선을 따라간다. 멈추는 곳이 나타나면 그곳에 잠시 머물면서 그때가 언제인지를 기억한다.
   만약 초등학교 시절의 기억이 떠오르면, 그때 무슨 일이 일어났고, 그 일에서 나는 어떠한 감정을 느꼈으며, 또 내 몸 어느 부분에서 불편함을 느끼고 있는지를 말로 표현한다. 그렇게 그 감정과 느낌을 언어로 표현하는 과정에서 나는 무의식 속 생각과 감정에 직면한다. 혼자 하기 어려우면 타인의 도움을 받는 것도 좋다.

6. 그 느낌이 불편해 눈물이 날 수도 있고, 두려움에 몸이 떨려올 수도 있다. 하지만 그것을 극복하고 바라보면 그 느낌이 점점 약화되는 것을 느낄 수 있다. 그때의 장면을 영화 편집하듯이 잘라내 작은 점으로 만들고, 그 점을 우주 밖으로 내던진다고 상상하면서 실제로 내던지는 동작을 취한다.

초등학교 때 발표하다가
친구들 앞에서 망신을 당했어요…

과거의 그 장면을
영화 편집하듯이
잘라 내 보세요.

싹둑 싹둑
싹둑

자른 부분을 점으로 만들어
우주 밖으로 던져 버리세요!

레드썬~
딱!

더 이상 과거의 트라우마는
당신의 무의식에 남아 있지 않습니다!

7. "더 이상 이 기억은 나의 무의식에 남아 있지 않다."라고 자기 암시를 하고 다시 그때의 상황을 영화 보듯이 상기시킨다. 그 영화를 보는 나의 감정이나 몸에 변화가 크지 않다면, 내 머리에서부터 발끝과 손끝으로 퍼져 가는 밝은 빛으로 샤워한다고 상상하며 외부 의식으로 나온다. 다시 그 기억을 떠올렸을 때, 감정의 변화나 몸의 느낌이 불편하게 느껴진다면 6번 과정을 되풀이한다.

이완과 깊은 명상 상태에 잘 들어간 경우 명상 한 번으로 기적과 같은 효과를 보기도 한다. 혼자 하면 효과가 감소할 수도 있지만, 이 과정을 여러 번 반복하면 그 기억은 더 이상 현재의 삶에 영향을 끼치지 않을 것이다.

우리 뇌는 내 생각대로 반응하고 움직인다. 이러한 원리를 활용하여 좋은 정보를 더 크고 생생하게 만들어 나의 상태를 긍정적인 방향으로 디자인하고, 부정적인 정보는 삭제하거나 무력화시키자.

1. 완벽주의 성향이 강하거나 남한테 잘 보이고자 하는 욕구가 크면
   발표할 때 긴장하기 쉽다.

2. 원을 그려 놓고 자신만의 공간을 만드는 명상을 한다. 그 원 안에 들
   어가면 긴장되지 않고 잠재력을 발휘할 수 있다.

3. 기억 속에 남아 있는 발표에 실패했던 장면을 영화 편집하듯이 잘라
   낸다. 작은 점으로 만들어 우주 밖으로 내던진다고 상상하며 실제로
   내던지는 동작을 취한다.

모처럼 입은 정장, 허리가 터질라 그런다!

다이어트 스트레스를 줄이기

대한민국 여성은 사신이 비만이 아닌데도 비만이라고 생각하는 경향이 많다고 한다. 이것은 근본적으로 비만 때문에 많은 스트레스를 받고 있다는 말이다. 그 스트레스로 인해 오히려 식욕이 늘어나기도 하고, 거식증과 같은 심각한 병에 시달리기도 하는 등의 부작용이 일어난다.

의식적으로 무언가를 원하면 원할수록 그만큼의 반대급부가 존재하기 마련이다. 이를 NLP에서는 미래 신념과 과거 신념, 긍정적 신념과 갈등 신념이라고 표현한다.(NLP는 Neuro-Linguistic Programming의 약자로 신경언어프로그래밍을 뜻한다. 언어를 활용하여 기억과 행동을 변화시키는 방법이다. 인간 생동의 긍정적인 변화를 이끌어 내 목표를 성취하기 위한 커뮤니케이션 기법이다.)

의식 세계에서는 살을 빼고 싶지만, 무의식 세계에서는 살을 빼고 싶지 않아 그 둘이 서로 갈등하는 것, 이러한 현상을 심리적 역전이라 한다. 가령 여러 다이어트 방법을 다 해 본 사람은 '이런다고 살이 빠질까?' 하는 생각이 무의식 속에 깊이 자리 잡고 있을 가능성이 높다. 이런 경우 의식적으로 새로운 방법을 시도는 해 보지만 무의식의 방해로 성공할 수는 없다. 의식 세계가 원하는 미래 신념이 제대로 현실화될 수 없는 것이다. 다이어트에 성공하기 위해서는 살을 빼고자 하는 미래 신념과 충돌하는 갈등 신념에 대하여 알아보고, 그 충돌을 해

모처럼 입은 정장, 허리가 터질라 그런다!

결하는 일이 필요하다.

　이번 장에서는 미래 신념과 갈등 신념에 대해 고찰해 보고, 그 충돌하는 두 개의 신념을 화해시키는 NLP 기법을 소개하겠다. 다음은 그 구체적인 방법이다.

1. 깊게 숨을 들이마시고 최대한 숨을 참았다가 멈추기를 3회 반복하며 편안하게 머리끝부터 발끝까지 이완한다.

2. 눈을 감고 눈앞에 가로 선을 긋는다. 가로 선을 그은 중앙은 현재고, 현재를 기준으로 왼쪽은 과거며, 오른쪽은 미래에 해당한다.

3. 왼쪽 한 부분을 정하여 그곳을 과거 신념(갈등 신념)으로 정

한 후 왼손에 갈등 신념이 놓인다고 상상한다. 여기서 갈등 신념은 살이 찐 상태로 그대로 있고자 하는 무의식이다.

무엇을 먹고자 하는 욕구가 일렁이고 살이 과도하게 찐 상황을 느낀다. 그 느낌을 왼손에 전이시킨다고 생각하고 마음을 집중하며 말로 표현한다.

갈등 신념을 떠올리며 왼손의 느낌을 집중하다 보면, 사람마다 다르게 나타나지만 무겁고 어두우며 우울한 감정까지 느껴지기도 한다. 이때 그 느낌을 색으로 표현한다. 대부분 검은색이나 회색 등을 연상할 것이다. 1분에서 3분 정도 그 표현이 명확해질 때까지 집중하면서 왼손의 느낌을 기억한다.

4. 3번 과정이 마무리되면 3회 심호흡한 뒤 다시 눈을 감는다. 과거 신념을 왼쪽에 정한 것과 같은 방법으로 오른쪽 한 부분을 미래 신념으로 정한다.

미래 신념은 건강하고 매력적으로 변한 나의 모습을 원하는 의식의 상태다.

적당량의 음식을 섭취하고 운동량이 증가하여, 근육이 탄탄하고 건강해진 내 몸매를 떠올린다. 그 느낌을 오른손에 전이시킨다고 생각하면서 말로 표현한다.

모처럼 입은 정장, 허리가 터질라 그런다!

미래 모습을 상상하면 오른손은 환하게 빛나고 가벼워지며 기분이 좋아질 것이다. 색으로는 하늘색, 분홍색 등으로 표현할 수 있다. 이 또한 사람마다 다르게 나타나므로 자신에게 떠오른 색깔을 선택한다. 그 색과 밝음을 최대한 확장하면서 오른손의 느낌을 기억한다.

5. 눈을 뜨고 다시 심호흡한 뒤 눈을 감고 직선 위에서 왼쪽을 바라본다. 3번 갈등 신념을 떠올렸을 때처럼 왼손의 느낌이 무겁고 어두우며 우울하고, 그때 느꼈던 색이 다시 살아난다면 왼손에 성공적으로 갈등 신념을 이식한 것이다.

만약 다시 그 느낌이 살아나지 않는다면 처음부터 반복한다. 느낌이 확실하게 살아나면 3회 심호흡한 뒤 같은 방법으로 오른쪽의 미래 신념을 바라본다. 4번에서 느꼈던 미래 신념의 상태, 살이 빠지고 매력적인 몸매로 변한 환하고 가벼운 느낌과 색이 오른손에 잘 살아나는지 확인한다.

6. 눈을 감고 내가 미래에 원하는 모습이 되기 위해 취할 수 있는 방법을 떠올려 본다. 과당은 삼간다, 오후 6시가 넘으면 음식은 먹지 않는다, 가까운 거리는 걸어가는 습관을 기른다

등등. 그중 본인에게 맞는 방법을 정리한다.

7. 다시 심호흡을 3회 반복한 뒤, 과거 신념의 긍정적 의도를 알아본다. 살찐 상태로 그대로 있고자 하는 무의식의 의도를 찾아가는 것이다. 개인에 따라 의도가 다르므로, 집중하면서 찾아 나가는 과정이 필요하다.

   '살이 빠지면 지금 가진 옷들을 입을 수 있을까?' 혹은 '살이 빠지면 얼굴에 주름이 생겨서 탄력이 사라지지 않을까?' 하는 근심이 떠오를 수도 있다. 또 살 빼는 과정이 너무 힘들어 '그냥 이대로 살아도 괜찮지 않나.' 하는 생각이 떠오를 수도 있다. 그러한 무의식 속 나의 의도를 알아차린 뒤 하고 있는 그대로 수용하고 이해한다.

8. 7번과 같은 방법으로, 호흡을 깊게 3회 반복하고 '왜 나는 살이 빠진 멋진 몸매를 원하는지' 긍정적 의도를 생각한다. 미래 신념에 대한 나의 긍정적 의도를 알아차린 후 '나는 살이 빠지고 건강하고 매력적인 몸매가 되어 자신감을 회복하고 싶은 마음이었구나.' 하며 그 의도를 수용하고 이해한다.

9. 갈등 신념과 미래 신념에서 공통된 긍정적 의도를 찾아본다.

그냥 그대로 머물고자 하는 갈등 신념 뒤에는 두려움이나 걱정 등에서 벗어나 편안하고 행복하게 살고 싶은 마음이 숨어 있다.

미래 신념에도 또한 멋진 모습으로 변하여 더욱 행복하게 살고 싶은 마음이 있다.

우리의 행동은 그것이 부정적이든 긍정적이든 간에 자신이 편안하고 행복하기 위한 다른 표현임을 알아야 한다.

10. 다시 심호흡하고 지금까지 살아오면서 성공하거나 무엇인가를 이루어 내어 성취한 기억을 떠올린다.

일이 잘 풀려 계획한 대로 이루어지거나 상을 받는 등 내 생에서 가장 적극적이고 활동적이던 때를 기억한다. 그 느낌을 단어나 상징으로 표현하며 극대화한다. '성공'이나 '횃불' 등 자신에게 떠오르는 단어나 상징을 정한다.

11. 다시 심호흡하고 그 단어와 상징을 떠올릴 때 성공의 느낌이 강하게 밀려오면 우리 몸에서는 조건반사적인 반응이 일어난다. 이것을 NLP에서는 앵커링이라고 한다. 이렇게 앵커

눈을 감고 앉아 가로 선을 긋는다.

가로 선을 그은 중앙은 현재이고,
왼쪽은 과거이며
오른쪽은 미래에 해당한다.

왼손에 '살찐 상태로 그대로 있고자 하는
무의식'(갈등 신념)이 놓인다고 상상하고
그 느낌을 색으로 표현한다.

오른손에는
'건강하고 매력적으로 변한 내 모습을
원하는 의식'(미래 신념)을 놓고,
그 느낌을 색으로 표현한다.

두 손을 맞잡고 오른손의 느낌과
왼손의 느낌을 서로 화해시키며
그 무의식 속에 성공의
상징을 각인한다.

링이 확실히 형성되면 하루에도 몇 번씩 이 단어와 상징을 연상하는 것만으로도 몸은 그러한 상태로 돌아간다. 일상적인 일을 할 때 자신감과 집중력을 증가시키는 좋은 방법이다.

12. 심호흡을 3회 반복한 뒤 눈을 감고 가로 선을 긋는다. 3번에서 왼손에 이식했던 갈등 신념의 느낌과 색을 떠올리고 왼손에서 느낀다. 4번에서 오른손에 이식했던 미래 신념의 색과 느낌을 떠올리고 오른손에서 느낀다. 천천히 왼손을 오른쪽으로, 오른손은 왼쪽으로 이동하면서 두 손을 맞잡는다. 이때 왼손의 무거운 느낌과 색, 그리고 오른손의 가벼운 느낌과 색이 서로 합쳐져 변화가 일어난다. 그 순간 10번에서 만들어 놓은 성공의 느낌이 드는 단어와 상징을 맞잡은 두 손에 이식한다.
다시 말해, 왼손에 있는 느낌과 오른손에 있는 느낌이 서로 맞잡는 과정에서 화해하면서 중간 느낌으로 변화한다. 그 중간 느낌을 성공의 단어와 상징으로 변화시켜 내가 원하는 미래 신념을 현실화한다.

하루에도 몇 번씩 양손을 맞잡으며 성공의 느낌을 각인시키는 과정을 반복해 보자. 반복하면 할수록 긍정적인 느낌이 무의식 속에 각인되어 의식 세계에도 영향을 끼친다. 우리의 이러한 무의식을 잘 다스릴 수 있다면 언젠가 원하는 멋진 몸매를 갖는 것도 헛된 꿈만은 아닐 것이다.

언젠가 반드시
내가 원하는 멋진 몸매를
가질 수 있을 거야!

워커홀릭을
위한
3줄 요약

1. 살을 빼고 싶은 의식과 빼고 싶지 않은 무의식이 서로 갈등하면 아무리 다이어트를 해도 성공할 수 없다.

2. 다이어트에 성공하기 위해서는 살을 빼고자 하는 미래 신념과 충돌하는 갈등 신념이 무엇인지 알아보고, 그 충돌을 해결해야만 한다.

3. 갈등 신념을 왼손에, 미래 신념을 오른손에 이식한 뒤, 두 손을 맞잡고 무의식 속에 성공의 느낌을 각인시키면 성공!

모처럼 입은 정장, 허리가 터질라 그런다!

3부

오후 전투 모드

PM 01:00

나의 졸음을 동료에게 알리지 마라? 점심 후 10분 오수 명상 | **불안하니까 사원이다** 나쁜 기억을 없애는 안구 운동 | **나는 당신보다 특별하지 않다** 동료와의 관계를 객관화하는 스토리 명상 | **지금 아는 걸 그때도 알았더라면** 무기력증 극복을 위한 문답 명상 | **그분은 오신다!** 아이디어를 부르는 스토리 명상 | **참지 마라, 쌓지 마라, 풀어내라** 울화병 예방 삼단 콤보 명상 | **상사의 짜증, 반사!** 마음의 방어막으로 상처받지 않는 법 | **멘붕 탈출 119** 심기일전 명상호흡 | **상사가 또 개인적인 일을 시킨다!** 내 안의 인정 욕구를 알아차리기 | **모처럼 회사를 벗어났는데, 할 일이 없다!** 발바닥 자극 야외 걷기 명상

13. 나의 졸음을 동료에게 알리지 마라?

점심 후 10분 오수 명상

맛있는 점심을
먹으면서도…

개운하게
양치하면서도…

무시무시한
식후 졸음!

장소

회사 > 내 자리

상태

무기력 → 꾸벅꾸벅 → 화들짝 → 민망

점심 먹고 사무실로 돌아와 자리에 앉았는데, 어느새 들려오는 졸음의 서곡에 눈꺼풀이 무거워지는 당신. 세상에 가장 무거운 것이 (카드 영수증으로 두둑한 워커홀릭의 지갑과) 눈꺼풀이라는 말처럼 때로 졸음을 이기려는 것은 무의미한 일이다. 이럴 때는 졸지 않으려고 버티다가 고개를 획획 떨구는 민망한 모습을 연출하기보다는 차라리 곧은 자세로 명상호흡을 하면서 5분에서 10분 정도 당당하게 휴식을 취하는 것이 낫다고 하겠다.

처음에는 그런 자신의 모습을 상사나 동료들이 탐탁하게 생각하지 않을까 걱정도 되겠지만, 일단 그런 근심은 미뤄 두자. 매도 먼저 맞는 것이 낫다고 아예 동료들이나 상사에게 식후 간단한 오수 명상을 한다고 당당하게 알리는 것이 어떨까.

먼저 식사를 마치고 나서 자리에 편안히 앉는다. 자세를 취할 때에는 머리 가운데에 줄이 달려 있어 하늘에서 잡아당긴나고 생각한다. 꼬리뼈에도 줄이 달려 있어 지구의 중심으로 잡아당긴다고 생각한다. 그러면 척추가 바로 세워지고 자세도 바로잡히는 느낌이 든다. 처음에는 구부정하여 잘 안 되는 것 같지만, 거듭 연습하면 바르게 변화되어 가는 자세를 스스로 느낄 수 있다. 명상은 하루아침에 되는 깜짝쇼가 아니라 습관화해 나가는 과정임을 상기하자. 작은 변화에 집중하여 호기심을 갖고 집중력을 키워 가다 보면, 어느새 변화의 중심에 서 있는 자신을 발견하게 될 것이다.

구체적인 방법은 다음과 같다.

1. 심호흡을 깊게 3회 반복하며 머리에서 발끝까지 차례로 긴장을 푼다.

2. 온몸의 긴장이 풀리면 천천히 의식을 바깥으로 옮겨 정면에서 내 몸을 바라보는 느낌을 갖는다. 몸과 의식을 분리하는 유체 이탈과도 같은 연습이라 할 수 있다. 이 상태에서는 자기 암시나 최면을 쉽게 유도할 수 있어 긍정적 암시 명상의

효과가 더욱 커진다.

3. 점점 카메라 렌즈가 회전한다고 생각하면서 나를 좌측에서 바라보고, 뒤쪽에서도 바라보고, 우측에서도 바라보는 상상을 한다.

4. 충분하게 나의 몸을 바라보는 관찰자 자리를 만든 뒤 편안하게 호흡하면서 의식을 오른쪽 다리로 가져간다.

5. 오른발이 물에 젖은 솜처럼 무거워진다고 생각하면서 '발이 무거워진다. 깊은 늪 속으로 빠져 들어가듯 무거워진다.'라고 자기 암시를 한다.

6. 오른발이 끝나면 왼발에 의식을 집중하면서 '왼발이 무거워진다. 아주 아주 무거워진다. 늪 속으로 빠져 들어가듯 아주 무거워진다.'라고 자기 암시를 한다.

7. 왼발이 끝나면 '허리가 무거워지고 배가 무거워지며 온몸이 천근만근 무거워지면서 깊은 잠 속으로 빠져 들어간다.'라고 자기 암시를 하며 편안히 호흡한다. 이를 잠이 들락 말락 하

척추를 세워
바른 자세로 앉은 뒤,

음… 정말
넙데데하다.

내 의식이 나를
바라본다고 생각하자.

나는 지금 깊은
늪 속으로 빠져든다.

몸이 무거워진다.
천근만근…

쿨……

사랑한다,
내 인생…

는 이완된 각성의 상태, 트랜스 상태라고 표현한다. 이 상태에서 생각은 무의식에 잘 각인되어 의식 세계의 변화에 쉽게 영향을 미친다.

8. 같은 방법으로 왼팔과 오른팔 순으로 깊은 늪에 빠져들 듯 깊게 이완한다.

9. 깊은 이완 상태에서 편안하게 호흡하며 내 몸을 바라보는 관찰자의 자리에서 나를 바라본다.

10. 아주 편안한 상태에서 눈을 감고 5분에서 10분 정도 깊은 호흡을 한 다음 '내가 지금 눈을 뜨면 내 몸과 마음과 영혼은 맑고 밝고 강하게 변해 있을 것이다.'라고 자기 암시를 한다. 그리고 활기차게 오후 활동을 하는 나의 모습을 연상하며 천천히 눈을 뜬다.

11. 기지개를 켜고 환한 미소로 오후 업무를 시작한다.

깊은 명상 상태에 들어가면 적은 에너지로도 온몸의 대사가 일어나 잠잘 때처럼 깊은 휴식이 가능하다. 위 절차를 잘 지켜 짧은 시간에 최대 효과를 이끌어 내는 것이 10분 오수 명상의 포인트라고 하겠다. 식후 가벼운 산책과 명상으로 활력 있는 오후를 맞이 하자.

눈꺼풀이 가벼워졌네!

워커홀릭을
위한
3줄 요약

1. 억지로 졸음을 참는 것보다는 명상호흡을 하면서 5~10분간 당당하게 휴식을 취하는 것이 낫다.

2. 척추를 바로 세운 자세로 앉아 온몸을 이완시켜 트랜스 상태를 만든다.

3. 의식 바깥에 관찰자 자리를 만든 뒤 내 몸을 바라보며 암시를 건다.

14. 불안하니까 사원이다

나쁜 기억을 없애는 안구 운동

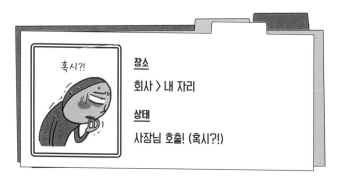

장소

회사 > 내 자리

상태

사장님 호출! (혹시?!)

위계질서 속에서 생활해야만 하는 직장인들에게 상사는 (아무리 자신은 그런 사람이 아닌 척해도) 긴장의 대상일 수밖에 없다. 더군다나 사장님이나 전무님 같은 아주 높은 분들이 갑자기 나를 호출했다는 소리를 듣는 순간, 그 기분은 어떠할까. 교감 신경이 흥분되어 좋은 일을 떠올리기보다는 '내가 무엇을 잘못했나?' 하는 부정적인 생각이 먼저 떠오르는 경우가 많을 것이다. 부정적인 생각은 근육을 긴장시키고, 심장을 뛰게 하며, 머릿속도 백지처럼 변하게 한다. 이러한 상태로 사장님을 뵈러 간다면 나의 참모습을 보여 드릴 수가 없을 터. 이번 장에서는 그런 상황에서 긴장감을 푸는 명상법을 소개하도록 하겠다.

교감 신경이 흥분하는 것은 아드레날린과 같은 신경 전달 물질이 분출된 결과다. 이 물질은 스트레칭을 하거나 호흡을 깊게 할수록 쉽게 대사된다. 고로 긴장감이 몰려 왔을 때는 목과 어깨 등을 스트레칭하는 것이 좋다.

스트레칭 시 숨을 들이마시면서 근육을 늘려 주고, 내쉬면서 근육을 풀어 주는 동작을 반복한다. 특히 가슴 쪽 근육을 풀어 주는 스트레칭이 도움이 된다.

자세한 동작은 다음과 같다.

1. 양손을 가슴 앞에 직각으로 모은다. 숨을 들이마시면서 양팔을 벌려 가슴을 늘려 주고, 숨을 내쉬면서 다시 양팔을 앞으로 모은다. 이 동작을 3회 반복한다.

2. 목 아래부터 명치까지 내 몸의 중앙을 흐르는 경락을 임맥이라고 한다. 이 부위를 마사지하듯이 손으로 비비면서 풀어 준다. 그러다 보면 특히 아픈 곳이 있는데, 이곳을 원을 그리듯 비비면서 잘 풀어 준다. 이때 약간 입을 벌리고 숨을 깊게 토해 낸다.

3. 젖꼭지 3센티 정도 윗부분을 비비면 아픈 곳이 있다. 이곳도 충분하게 풀어 준다.

4. 사장님에 대한 안 좋은 기억이나 그 앞에서 실수했던 기억을 떠올려 본다. 그 기억이 떠오르면 눈동자를 좌우로 빠르게 1분, 위아래로 1분 정도 움직이고 나서 눈을 뜬다.

5. 눈을 감고 사장님의 얼굴을 떠올려 코믹하게 변형시켜 본다. 사장님을 코믹하게 만든 영상을 보면 갑자기 웃음이 나올 것이다. 긴장감이 풀어지고 멀게만 느껴지던 사장님이 친근하게 다가올 것이다.

6. 마지막으로 눈을 감고 사장님의 질문에 의연하게 대답하는 내 모습을 생생히 그려 본다. 대화를 성공적으로 마치고 돌아 나오는 이미지도 그려 본다.

우리 뇌는 상황에 대한 예측이 가능하도록 설계되어 있다. 원인 모를 통증이 느껴진다면 뇌는 불안함 때문에 더욱 고통스럽게 느낀다. 아이를 낳을 때 그 무지막지한 고통을 이겨 낼 수 있는 것도 그 고통이 곧 끝난다는 것을 알기 때문이다.(물론 개인에 따라 다를 수 있다.) 미리 일어날 상황을 예상하고 그려 보면, 무작정 대처하는 것보다 그 상

전에 사장님 앞에서
지각했었지…

이제 옴?

사, 사장님…

부정적인 건
다 잊자!

눈동자 굴리기 신공

사장님 여장 상상

ㅋㅋ ㅋㅋㅋ

사장도 사람이야!
날 죽일 거야,
어쩔 거야.

사장실

똑똑

이제 보니 아주
똑똑한 친구구먼.

감사합니다.

긍정 마인드! 긍정 마인드!

황에 더 잘 적응할 수 있다. 평상시 이런 훈련을 해 둔다면 누구를 만나든 의연하게 대처할 수 있을 것이다.

특히 4번 안구 운동으로 불쾌한 기억을 제거하는 방법을 수시로 활용하라. 기억 속 불안감이나 강한 스트레스를 주는 사건들을 처리할 때 좋다. 꿈꿀 때 우리는 눈동자가 빠르게 운동하는 렘수면 상태를 거친다. 뇌에서 기억을 처리하는 과정을 응용한 방법이라 할 수 있다. 실제로도 기억력을 향상시키고 불안을 제거할 때 이 안구 운동이 많은 효과를 보고 있다.

만약 고소 공포증이 있다면, 높은 곳에 있다는 상상을 하면서 눈을 감고 안구 운동을 하라. 그리고 나서는 눈을 뜨고 다시 높은 곳에 있다는 상상을 해 보라. 공포감이 훨씬 줄어든 것을 체험하게 될 것이다.

1. 사장님이 호출할 때 긴장되는 이유는 아드레날린이 분출되어 교감 신경이 흥분하기 때문이다. 이를 쉽게 대사시키기 위해서는 가슴을 풀어 주는 스트레칭이나 마사지가 좋다.

2. 불쾌한 기억을 지워 버릴 때는 눈동자를 좌우, 위아래로 각각 1분씩 움직이는 안구 운동을 하자.

3. 우리 뇌는 예상 가능한 고통을 이겨 낼 수 있는 구조로 되어 있다. 미리 일어날 상황을 예측하고 그려 보는 훈련을 해 두면 누구를 만나든 의연하게 대처할 수 있다.

15. 나는 당신보다 특별하지 않다

동료와의 관계를 객관화하는 스토리 명상

누군가 인상을 팍팍 쓰고 있다고 가정해 보자. 그러면 그를 알고 있
는 사람들은 자신의 정보들을 수집, 조합하여 결론을 내린다. "사귀고
있는 애인하고 요즈음 사이가 안 좋다고 하더니 어제 대판 싸웠을 거
야." "아까 내가 뭐라고 했더니 기분이 상해서 저러고 있을 거야." 등
등. 열이면 열 다 다르게 판단할 것이다. 실은 갑자기 복통이 나서 얼
굴을 찌푸리고 있는지도 모르는데 말이다. 이처럼 우리는 사실을 있는
그대로 받아들이지 않고, 우리가 인지한 지각으로 판단하고 행동하는
경향이 있다.

만약 후배가 나를 무시한다는 느낌이 들었다면, 실제로 후배가 나를
무시하기 위해 그렇게 행동한 것인지 잠시 생각해 보자. '왜, 나는 그
사람이 나를 무시한다고 생각했을까? 그 판단의 근거가 무엇일까?'
자신에게 질문을 던져 본다. '고분고분한 말투에 웃음을 지으면서 내
말에 토를 달지 않는 것'이 후배의 올바른 행동이라고 믿는 것은 아닌

지 나의 가치관과 신념을 점검해 보는 것이다. 후배의 불손한 행동 뒤에는 그의 충족되지 않은 욕구와 욕망이 있다는 사실을 상기하고, 그의 처지에서 한번 생각해 보아야 한다.

그리고 내가 한 말과 행동들을 다시 드라마를 보듯 떠올려 본다. 자신의 역할과 지위를 갖고 자율적으로 일하며 인정받고 싶어 하는 것은 직장인의 가장 큰 욕구다. 그러한 욕망이 충족되지 않을 때 직장 내에서 불협화음이 일어나 인간관계가 힘들어진다. '내가 그의 욕구 불만을 자극하는 행동을 한 것은 없는지' 스스로 물어보고 자신을 객관화시켜 상황을 통찰하도록 훈련하자.

다음은 타인과의 관계를 개선하기 위한 스토리 명상법이다.

1. 편안한 장소에 앉아서 눈을 감고 심호흡을 3회 반복한다. 머리에서 발끝까지 차례로 긴장을 풀고 이완한다.

2. 머리 한가운데 백회라는 곳에 코가 있다고 상상하고 숨을 들이마신다. 앞이마 가운데를 인당혈이라 하는데, 그곳으로 숨을 내쉰다고 생각한다. 1분 정도 천천히 백회로부터 맑고

밝은 에너지를 들이마시고 인당혈로 숨을 내쉬며 빛을 뿜어

낸다고 상상하며 호흡한다.

인당혈
양쪽 눈썹의 정중앙에 위치한 혈자리.
이곳을 마사지하면 마음이 평안해지고
스트레스가 줄어든다.

3. 편안하게 눈을 감고 영화관의 스크린을 만든다.

4. 스크린이 한 장씩 넘어간다고 생각하고 과거의 사람들이나

환경을 떠올리는 연습을 한다.

(예: 기와집, 마님, 도련님, 하인, 스님, 인도 수도승, 아프리

카 토인, 이집트 피라미드 등등.)

5. 현재가 아닌 과거 사람들을 연상하는 연습을 5분 정도 한

뒤, 지금 나와 갈등을 겪고 있는 사람과 나의 관계를 과거의

영화로 상영한다고 생각하고 이미지를 떠올린다.

만약 훈장 선생님과 매를 맞고 있는 도령이 스크린 속에 떠

오른다면, 그 훈장 선생님은 누구이고 매 맞는 도령은 누구인지 파악한다. 명상 중 떠오른 영상은 무의식의 정보가 이미지화되어 나타난 것이다. 그 영화를 바라보며 전지적 작가 시점에서 스토리를 파악해야 한다.

6. 만약 훈장이 나를 상징하고, 매 맞는 도령은 상대를 상징하는 것 같은 느낌이 든다면, 훈장의 성격이 어떠한지 떠오르는 생각을 표현해 본다. 훈장은 자기 생각만이 옳다고 믿는 완고하고 대쪽 같은 성격의 소유자고…… 등등. 머릿속에 떠오르는 생각을 말로 표현한다.

7. 매 맞는 아이가 어떠한 성격의 소유자인지 관찰하고 떠오르는 생각을 말로 표현한다.
아이는 사랑이 많고 유머 감각과 호기심도 풍부하다. 공부에 집중하기보다는 자연을 좋아해 이리저리 돌아다니다 보니 매일 지적받고 혼나기 일쑤다. 상대가 매 맞는 순간에만 심각하다가 돌아서면 곧 잊어버리는 천진난만한 아이로 여겨진다면, 그것이 바로 나를 힘들게 하는 상대와의 관계를 설명하는 포인트다.

과거로 여행을
떠나 보자.

기와집,
마님, 도련님,
인도의 수도승,
이집트 피라미드…

만일 그 후배와 나를
주인공 삼아
영화를 만든다면?

음, 난 훈장님,
후배는 말썽장이 꼬마…

이 네가지 없는 놈!
선배를 무시해?

훈장님,
잘못했어요.
으앙~

찰싹
찰싹

훈장님
엿 먹으세요.
히히~

너는 매로는
안 되는
아이로구나.

8. 둘의 상관관계가 파악되었다면 '문제를 해결하기 위해 나는 어떻게 해야 할 것인가?' 하고 질문하며 스토리 명상을 진행한다. 억지로 공부를 시키는 일이 거의 불가능하다는 생각이 든다면, 차라리 매를 내려놓고 산으로 들로 함께 놀러 다니면 어떨까? 부드러운 관계를 먼저 형성한 뒤 천천히 관심을 공부로 이끌어 오는 것이 제일 나은 방법이라는 것을 곧 알아차릴 수 있을 것이다.

9. 그 방법을 어떻게 지금 현실 여건에 맞춰 적용할 것인지 생각해 본다. 무조건 내 생각대로 지시하고 명령하는 것은 관계를 푸는 데 전혀 도움이 안 된다. 상대와 개인적으로 만나거나 공통 관심사를 찾아 공감대를 먼저 형성해야 한다는 생각이 자연스럽게 들 것이다. 의식 세계에서 생각하는 것과는 달리 자신을 객관화시켜 스토리 명상을 하다 보면 의외로 문제를 해결하는 열쇠가 더 잘 떠오를 것이다.

해결책이 떠올랐으면 바로 실천에 옮겨 보라. 의외로 문제가 잘 해결될 수도 있다.

인간의 잠재의식은 문제는 물론 해결책까지 다 알고 있다. 단지 우리가 그것을 의식하지 못하기 때문에 지금은 알아차리지 못하는 것뿐이다. 명상의 목적은 의식의 불을 끄고 무의식의 불을 켜서 밝은 세상으로 가기 위한 것이다. 눈을 감고 나와 타인을 객관화시켜 바라볼 때 더 이상 문제는 없고 긍정적인 변화만 있을 것이다.

와아~ 나도 그 걸그룹 좋아하는뎅~

선배님은 저랑 너무 잘 통하는 것 같아요.

걸그룹은 역시 ○○시대!

워커홀릭을 위한 3줄 요약

1. 우리는 사실을 있는 그대로 받아들이기보다는 우리가 인지한 지각으로 판단하는 경향이 있다. 어떠한 욕구가 충족되지 못했는지 상대의 처지에서 생각해야 한다.

2. 지금 갈등을 겪고 있는 사람과 나의 관계를 현재가 아닌 과거의 영화로 상영한다고 생각하며 그 이미지를 떠올려 본다.

3. 이미지 속 두 사람의 상관관계와 그 해소법을 생각해 본다. 그 방법을 어떻게 현실 여건 속에 적용할 수 있을지 궁리하여 실천에 옮긴다.

16. 지금 아는 걸 그때도 알았더라면

무기력증 극복을 위한 문답 명상

다람쥐 쳇바퀴 돌리듯
매일 똑같은 일상

더이상 이렇게
초라하게
살 순 없어.

사직서

장소
회사 > 옥상
상태
아, 회사 다니기 증말 싫다…

　무슨 369게임도 아니건만, 직장인들은 대개 3년, 6년, 9년 일정한 사이클을 타고 사표를 내고 싶다는 충동에 빠지는 듯하다. 부부가 권태기를 겪듯이 직장 생활에도 권태기가 있다. 해가 뜨니 아침이고 해가 지니 저녁이라, 다람쥐 쳇바퀴 돌리는 듯한 매일 똑같은 일상 속에서, 미래의 비전이 없는 자신이 한없이 초라하게 느껴지기도 할 것이다. 또 평소엔 아무렇지도 않던 상사의 꾸지람에 자존심이 팍 상하기도 할 것이다.

　이때 보통 다른 직장을 알아보거나 독립을 꿈꾸기 쉽다. 하지만 다른 직장으로 옮긴다면, 그 순간에만 조금 달라진 듯 보일 뿐이다. 시간이 흐르고 나면 크게 달라지거나 득 된 경우가 별로 없다는 사실을 우리는 이미 경험적으로 알고 있다. 고로 비전 없이 섣부르게 사표를 내는 것은 성급한 일이다. 조직은 조직 그 자체로 생명력을 가지고 있으며, 그러한 조직 안에 있을 때에만 할 수 있는 일들이 많다. 사표를 내고 싶은 마음이 몸살처럼 우리를 급습했을 때 할 수 있는 문답 명상을 소개하도록 하겠다.

이해를 돕기 위해 내 상황을 예로 들어 보겠다. 나는 명상을 가르치기 전에 약사였다. 약국을 경영하는 것이 명상을 가르치는 것보다 경제적인 측면에서는 더 낫다. 때로 대학생 아들과 고등학생 딸아이의 교육비나 우리 부부의 노후를 생각하면 불안해지기도 한다. 한 살이라도 젊을 때 돈을 더 많이 벌어야 하는 것은 아닌가 하고. 그러한 불안으로 떠돌이 강사의 일이 버겁게 느껴질 때마다 나는 편안하게 숨을 고르며 다음과 같은 질문을 던진다.

1. 편안한 장소에 앉아 미래의 내가 지금의 나를 바라본다고 생각하며 하고 싶은 말을 적는다.

"많이 힘들지? 그래, 미래의 모습이 어떤지 알 수 없어서 때로는 불안하고 걱정이 더 크게 느껴질 수도 있어. 하지만 지금 나는 돈보다 하고 싶은 일을 선택했기에 이렇게 당당하게 어깨를 펼 수 있지. 힘내. 너는 그 누구보다 의지가 강한 사람이잖아. 그대로 밀고 가면 지금의 나로 변화되어 있을 거야." 이렇게 미래의 나로부터 이야기를 들으니 두려움은 사라지고 꾸준히 내가 가던 길을 가야겠다는 생각이 불끈 솟아났다.

2. **내 삶에 가장 영향을 끼치는 멘토가 있다면, 미래에 그가 지금의 내 모습을 바라보며 무엇이라고 이야기할지 생각하고 적어 본다.**

그러자 생각지 못하게 남편의 얼굴이 떠오르면서(사실, 남편이 나에게 그렇게 큰 영향력을 끼친다고 의식하지 못했었다.) 미래에서 내게 이런 말을 했다. "당신이 해낼 거로 생각했어. 아무리 힘들고 주저앉고 싶었어도 결국 포기하지 않고 원하는 일을 밀고 나갈 거로 생각했어." 남편이 미래에 그렇게 이야기해 준다고 생각하니 다리에 힘이 생기고 어깨가 펴지면서 지금의 일을 그만둘 생각은 점점 멀어졌다.

3. **객관적인 제삼자, 또는 전지적인 절대자의 자리에서 지금의 나를 바라보며 조언한다고 생각하고 적어 본다.**

"인생은 마라톤 같은 것이잖아. 꾸준히 가다 보면 목마를 때도 있고 숨 막혀 죽을 것 같은 때도 있기 마련이지. 하지만 그 마라톤이 끝나고 나면 중도에 포기하지 않고 수많은 유혹과 고난들을 이겨 낸 너를 스스로 자랑스럽게 생각할 거야."라고 말하는 것 같았다.

사실 위 세 가지 관점에서 현재의 나를 바라보고 통찰하는 것만으로도 충분하다. 그래도 아직 덜 해결된 듯한 느낌이 든다면 다음 방법을 실행해 보자.

4. 나의 멘토가 지금 바로 내 앞에 있다면 나에게 무슨 말을 할지 적어 본다.

남편이 현재 나에게 말한다고 생각하니 이런 말이 떠올랐다. "지금보다 더 힘들 때도 있었잖아. 그때도 당신은 뜻을 굽히지 않고 꿋꿋하게 밀고 나갔지. 그 모습을 보았을 때 나는 당신이 잘 해내리라 믿었어."

그러니 갑자기 지금보다 더 힘들 때에도 잘 버텨 냈던 일이 떠올랐다. 그때 근심하던 일은 결국 일어나지 않았다는 것을, 또 지금은 그때보다 더 많은 것을 갖게 되었다는 것을 알 수 있었다. 지금 하는 일을 그만두어야 한다는 생각이 점점 작은 점으로 변하는 것이 느껴졌다.

5. 현재의 객관적인 제삼자, 절대자의 관점에서 지금 나에게 뭐라 이야기할지 적어 본다.

"지금 힘들다고 포기한다면 그동안 네가 쌓아 왔던 경험은 어떻게 될까? 돈을 벌기 위해 약국을 하는 것이 정말 올바른 선택일까? 약국을 하더라도 돈을 벌기 위해서가 아닌, 사람들이 더 건강하고 행복한 삶을 살아가는 데 도움이 되는 일을 하고 싶다는 너의 가치관에 따르는 것이 옳은 선택은 아닐까?"라고 말했다. 무슨 일을 하든 내가 이 생을 살아가는 목적과 가치관에 부합해야만 그 일을 오래 할 수 있다. 그 사실을 알고 나면 갈 길을 헤매던 자신에게 등대의 불빛이 비추는 느낌이 들 것이다.

6. 과거의 내가 지금의 나를 보면서 무슨 말을 할지 적어 본다.

"약국을 하다가 그만둔 이유가 뭐였지? 다시 약국을 했을 때 '지금 이 길을 계속 갈 걸…….' 하고 후회하지는 않을까?" 그 질문에 답하려 하니 다시 약국을 경영하는 일 또한 녹록하지 않겠다는 생각이 들었다. 잘 해낼 수 있다는 자신 감이 들기보다는 지금 하는 일에 집중하기가 더 쉽겠다는 생각이 든 것이다.

(과거의 나)

(현재의 부모님)

(회사의 중역이 된 미래의 나)

7. **과거의 멘토가 지금의 나를 보면서 뭐라 이야기할지 적어 본다.**

과거의 남편이 지금의 나를 보며 이야기한다고 생각하니 이런 말이 떠올랐다.

"당신이 하고 싶은 일을 하는 게 지켜보는 나에게는 가장 흡족한 일이지. 무슨 일을 하든지 나는 당신이 행복하고 보람되기를 원해. 내가 부족하여 당신 곁에서 큰 도움은 되지 못해도, 우리 함께 가는 길 마지막 순간까지 서로 힘과 용기를 주는 그런 부부가 될 수 있으면 좋겠어."

남편이 이렇게 말할 것으로 생각하니 갑자기 고마움이 느껴졌다. 함께 인생을 살아가는 동반자로서 나약한 모습을 보이기보다는 힘들더라도 앞을 보고 뚜벅뚜벅 걸어가는 내가 되어야겠다는 의지가 더 강해졌다.

8. **과거의 객관적인 제삼자, 절대자의 관점에서 지금 나를 보면서 뭐라 이야기할지 적어 본다.**

"변한 것은 세월이 좀 흘렀다는 것, 나라 전체의 경제적인 위기감이 예전보다 깊어졌다는 것, 그리고 아이들이 커 가고 있다는 것 외에는 없는데, 노후에 대한 지나친 걱정으로 지금 꿈을 포기하려고 하는 것은 아닌지 다시 생각해 보았으면 좋겠어."라고 말했다.

지금 내가 중년의 나이, 갱년기를 거치면서 다소 의기소침해지기도 하고 체력의 한계를 느끼기도 하다 보니 자신감도 많이 떨어졌다는 것을 알았다. 육체의 나이에 심리적으로 위축되어 안주하고자 하는 욕구가 생긴 것이다. 평균 수명이 높아져 앞으로 살날이 지금까지 살아왔던 날들과 견주어 그리 큰 차이가 나지 않는다는 것을 깨닫고는, 다시 태어났다는 마음으로 심기일전하여 생의 후반부를 살아가야겠다는 생각이 자연스럽게 들었다.

9. **마지막으로 지금의 내가 나를 바라보면서 하고 싶은 말을 정리한다.**

"그래, 중요한 것은 내 마음이지. 나 자신이 할 수 있다고 생각한다면 무엇이든 해낼 수 있는 용기와 지혜가 생겨날 거야. 가는 거야. 두려움의 강과 배고픔의 강을 건너가는 거야. 강은 언제고 끝나기 마련이고, 나에겐 배고픔을 채울 꿈이 있으니……."

위 과정들은 나의 관점으로 지금 상황을 판단하는 한정적인 시각에서 벗어나는 일이다. 과거, 현재, 미래라는 다양한 시간의 틀을 적용하고 나 자신의 관점, 나에게 가장 영향력을 끼치는 사람의 관점, 객관적인 관점, 절대자의 관점 등 다양한 관점으로 바라보며 판단의 틀을 넓히는 것이다. 이렇게 조망하다 보면 근시안적인 사고에서 벗어나 더 멀리 더 깊게 통찰할 기회를 얻는다. 그러면 지금 현실에서 벗어나야겠다는 조급함이 사라지고, 그것을 잘 이겨 낼 수 있는 잠재된 힘이 생긴다.

세상 모든 것은 내가 그것을 어떻게 인지하고 받아들이느냐에 따라 그 결과가 전혀 다르다. 삶에 대한 자신감이 사라지고 도망가고 싶은 마음이 들 때, 조용히 여러 관점에서 지금의 나를 조망해 보라. 그렇게 사고의 틀이 넓어지면 가야 할 길도 잘 보인다. 미로 속을 빠져나오기 위해서는 미로 밖에서 전체를 조망하는 일이 필요하다.

사표를 날려라~ 내일 아침까지만

1. 다른 직장으로 옮겨도 별것 없는 경우가 많다. 사표를 낼 때에는 신중하게 생각하자.

2. 나, 멘토, 절대자의 관점으로 각각 과거, 현재, 미래의 시점에서 지금의 나에게 무슨 말을 건넬지 생각해 본다. 그리고 지금의 내가 나를 바라보며 하고 싶은 말을 정리한다.

3. 나의 관점으로 지금 상황을 판단하는 것은 금물. 시점과 관점을 달리하여 판단의 틀을 넓히면 근시안적인 사고에서 벗어나 깊게 통찰할 수 있다.

17. 그분은 오신다!

아이디어를 부르는 스토리 명상

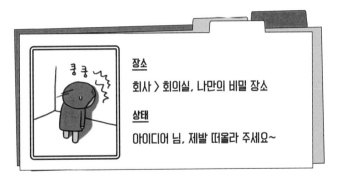

장소
회사 〉 회의실, 나만의 비밀 장소
상태
아이디어 님, 제발 떠올라 주세요~

우리가 흔히 쓰는 "그분이 오셨다."는 말에서 '그분'은 과연 누구, 아니 무엇일까? 그 말을 쓰는 상황을 살펴보건대, 어떤 귀하신 분이 멀리서 나를 보러 찾아왔다는 뜻은 당연히 아닐 테다. 이 말은 정신적 기능이 평소와 다른 일종의 신들림에 가까운 상태에 불현듯 접어들었다는 말이다. (자주 오지 않아서 문제지만) 그야말로 그분이 오셨을 때에는 아이디어가 펑펑 잘도 떠오른다. 명상에서는 흔히 이러한 상태를 꿈꾸는 의식 상태라고 부른다.

좀 더 자세히 살펴보자면 다음과 같다. 우리 의식 상태는 깨어 있는 상태, 꿈꾸는 상태, 깊은 잠을 자는 상태로 나뉜다. 꿈꾸는 의식 상태는 명상하거나 아무 일도 하지 않고 멍하니 쉴 때 나타날 수 있는 상태다. 명상을 경험한 적 없는 사람에게도 이러한 의식 상태가 잘 나타난다. 이름만 대면 다 알 정도로 유명한 한 시인은 편안하게 쉬고 있을 때에 누군가 귀에다 대고 시를 불러 준다고 한다. 그것을 그대로 받아 적으면 바로 시가 된다는 좀처럼 믿기 어려운 얘기다.

명상은 이러한 상태를 의도적으로 훈련하는 것이라 할 수 있다. 꿈꾸는 의식 상태를 만들어 꿈꾸듯이 이야기를 만들어 나가는 것이다. 그 이야기 속에서 문제 해결을 위한 실마리를 얻어 내는 명상이 바로 이번 장에서 본격적으로 알아볼 스토리 명상이다.

스토리 명상을 할 때 주의할 점과 사전 준비 과정을 알아보자.

먼저 자기 자신이나 아는 사람들은 등장인물로 떠올리지 말아야 한다. 그러면 감정이 이입되거나 편견이 드러나 완전한 관조가 될 수 없다. 그리고 관조와 개입에 대한 훈련이 필요하다. 일례로 눈앞에 추운 겨울 바다가 있다고 가정해 보자. 그냥 사진이나 그림을 바라보는 것을 '관조'라고 하고, 내가 그 바닷가에 갔다고 상상하면서 피부의 촉감, 온도, 소리, 냄새 등에 집중하여 그 느낌을 최대한 생생하게 느끼는 것을 '개입'이라고 한다. 이 두 가지를 평상시에 연습해 두면, 뇌가 그만큼 유연해지고 감각이 발달한다.

행복 연구학자인 칙센트 미하이의 말에 따르면, 창의적인 사람들은 일반인과 달리 매우 예민하게 감정을 느끼며 자신이 하는 일을 사랑한다고 한다. 예민하게 느끼기 위해서는 집중해야 하고, 집중은 몰입하게 하며, 몰입은 사랑하지 않으면 할 수 없으니까. 몰입하는 순간 뇌에서는 다양한 화학 물질이 나와 우리를 행복하게 한다. 게다가 상황을 거꾸로 볼 수 있는 여유까지도 선물한다. 스토리 명상은 그렇게 이미지 명상을 하면서 관찰과 통찰로 답을 얻어 내는 명상법이다.

이제 워밍업을 해 보겠다.

1. 먼저 눈에 보이는 것들, 과자, 산, 우산, 옥수수, 딸기, 파도 등과 같은 물질 명사를 눈 감고 떠올려 본다.

2. 간단한 사물을 연상하는 훈련이 끝나면 움직임이 있는 단어들과 함께 연상하는 연습을 한다.

   예를 들어 '간다'라는 단어를 떠올렸을 때 사람마다 머릿속에 연상되는 장면은 각기 다를 것이다. 달리는 마차를 연상할 수도 있고, 산을 오르는 사람을 연상할 수도 있겠다. 이때도 가급적이면 자신이나 자신과 관련된 사람들이 아닌 객관화된 사물이나 이미지를 떠올리려 노력해야 한다.

워밍업이 끝났으면 해결해야 할 문제에 대한 본격적인 스토리 명상으로 들어가겠다. 이때는 가급적 숲이나 연못, 고궁 등 사람들 없는 한적한 장소가 좋다. 그럴 수 없다면 조용한 장소라도 찾아보자.

1. 간단한 스트레칭으로 몸을 푼다. 편안한 자리에 앉아 깊게 3회 심호흡하며 머리에서 발끝까지 천천히 긴장을 푼다.

2. 해결해야 할 문제를 천천히 언어로 표현한다.
물건이 많이 팔리기 위한 홍보 방법을 모색한다고 가정해보자. 그러면 "지금 내가 처한 환경은 어떠한 상태인가?"라고 스토리 명상을 시작한다.

3. 편안히 호흡하며 눈을 감고 머릿속에 떠오르는 영상을 언어로 표현한다.
예를 들어, 기차가 달리는 모습이 떠오르거나 기차 소리가들리면, 내가 내레이터가 되어 펼쳐지는 스토리를 말로 표현한다. 이때 천천히 다각도에서 그 영상을 바라보다가 눈길이나 생각이 머무르는 곳을 구체적으로 표현한다.

"기차가 출발하고 있습니다. 1800년대 증기 기관차고, 기적 소리가 요란하게 들립니다. 석탄을 넣는 사람들도 보입니다. 기차는 사람들의 노력으로 앞으로 나가고 있습니다."

그럼 이를 어떻게 해석해야 할까? 당신이 홍보 실무자라고 가정해 보자. 머릿속에서 이러한 이미지가 펼쳐졌다면, 지금 회사가 하고자 하는 홍보 방법이 인력과 비용이 많이 드는 구시대적인 것임을 암시한다고 할 수 있겠다.

여기서 중요한 것은 긴장을 풀고 눈을 감은 뒤 떠오르는 이미지를 그대로 인정하고 언어로 표현하는 것이다. 기차가 보이는 듯하다가 곧 사라질 수도 있으니, 그 느낌이 드는 즉시 "기차가 보입니다."라고 표현하여 포착한다. 그 순간 기차는 선명하게 보이고 다음 장면으로 넘어가게 된다.

예를 들어 보자. 김이 모락모락 나는 영상이 보인다. 당신은 "증기 기관차입니다."라고 표현한다. 그리고는 석탄을 분주히 나르는 사람들의 영상이 펼쳐진다. 이러한 스토리가 지금 나의 상황에 대한 상징적 표현이니, 거기에 대한 통찰이 필요하다. 처음에는 그 숨겨진 의미를 찾아내는 일이 어려울 수도 있지만, 연습하다 보면 점점 잘 알아차릴 수 있다.

4. 현재 상태를 스토리 명상으로 파악하였다면, 이제는 어떻게 그 상황을 극복할 수 있을지 해답을 찾아내는 스토리 명상을 시작한다.

편안하게 호흡하면서 눈을 감고 "이 상황에서 나의 역할은 무엇인가?"라는 질문을 던진다. 천천히 도구(망치, 가위, 카메라, 복사기, 장갑 등)라고 생각되는 것들을 생각하면서 무엇이 떠오르는지 집중한다.

만약 카메라가 떠올랐다면 "카메라가 떠오릅니다."라고 말하고는 그 영상이 어떻게 변하는지 관찰한다. 카메라로 사진을 찍어 멋있게 편집하는 모습이 보인다면, 잠시 멈추고 '이 영상이 무엇을 상징할까?' 생각하며 통찰한다. 지금 여건에서 가장 큰 장점을 찾아내 부각하여 홍보해야 함을 암시할 수도 있다.

물론 상징의 의미가 정해진 것은 아니다. 스토리 명상을 하면서, 그 영상에서 느껴지는 느낌과 떠오르는 생각을 따라 편하게 이야기를 만들어 가다 보면, 문제 해결에 대한 실마리를 찾을 수 있을 것이다.

스토리 명상은 이야기 속에서 문제 해결의 실마리를 잡아내는 명상법이다. 최선의 답을 얻기 위해서는 다양한 관점에서 바라보는 연습이 필요하다. 이미지가 떠올랐을 때 메타 위치(객관적 중립 상태)에서 "이것이 상징하는 것이 무엇일까?"라고 자문하며 이미지가 상징하는 바를 찾아간다. 다른 자리(이 자리를 '최고 지성의 자리'라고 표현하자.)에서 그 답을 생각한다고 생각하며 해결책을 찾는 것이다.

명상을 오래 하다 보면 공감각 기능이 발달하여 멀리 있는 사람의 육체적 고통이나 심리적 상태에 공감이 가기도 한다. 이 원리를 활용하여 내 생각을 최고 지성의 자리와 일치시키려고 노력해 보자. 그 생각이 가장 논리적이고 객관적이며 정확한 답을 줄 거라고 믿으며 연습하는 것이다. 그러다 보면 스토리 명상으로 얻은 답이 바르고 정확했다는 사실을 체험할 수 있다. 아직 직관이나 느낌을 과학적으로 설명하거나 증명할 수는 없지만 생활 속에서 우리의 꿈이 무언가를 암시한다고 믿듯이, 곧 명상으로 미래를 예견하여 문제를 해결할 날이 올 수도 있을 것이다.

어화둥둥

아이디어의 샘

아이디어가 마르질 않아요~

1. 스토리 명상은 자유롭게 연상되는 이야기 속에서 문제 해결의 실마리를 잡아내는 명상법이다. 최선의 답을 얻기 위해서는 다양한 관점에서 바라보는 연습이 필요하다.

2. 해결해야 할 문제를 언어로 표현한 뒤 천천히 이미지를 떠올린다. 그 이미지가 상징하는 바를 통찰하여 현재 내가 처한 상황을 파악해 본다.

3. 상황을 파악한 뒤 그것을 해결하기 위한 도구(사물)를 떠올린다. 그 사물이 상징하는 바를 통찰하여 문제 해결의 실마리를 얻는다.

18. 참지 마라, 쌓지 마라, 풀어내라

울화병 예방 삼단 콤보 명상

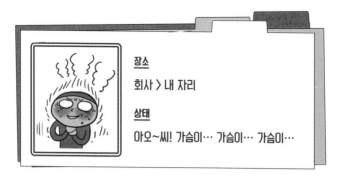

장소

회사 > 내 자리

상태

아오~씨! 가슴이… 가슴이… 가슴이…

두 유 노우 화병?(Do you know Wha-byung?) 화병이 우리나라에서 시작된 병명이라는 사실을 아는가? 화병(울화병)은 전세계적으로 우리나라 사람들에게만 특이하게 나타나는 질환이라고 한다. 1996년 미국 정신과협회는 이 병을 문화 관련 증후군에 속하는 정신 질환으로 등록하기도 했다.

울화란 마음속이 답답하여 일어나는 화로, 분노보다 더 오래 억제된 감정이다. 우리나라처럼 가부장적인 문화에서는 여자나 나이 어린 사람들이 반복하여 화를 참다가 이 증상을 겪는다. 더 나아가 목에 무언가 걸린 것과 같은 스트레스 장애를 일으키기도 한다. 나도 신혼 생활의 스트레스로 목에 뭔가 걸린 것과 같은 '매핵기(梅核氣)' 증상을 겪었다. 매실만 한 씨앗이 목에 걸려, 뱉어도 잘 나오지 않고 삼켜도 넘어가지 않는 증상이다. 한의학에서는 이를 기가 울체되어 생긴 병이라고 하여 반하(半夏)와 후박(厚朴)이 들어간 한약재로 치료하기도 한다.

심할 때에는 전문가를 찾아 치료받는 것도 한 방법이겠다.

이 장에서는 생활 속에서 화를 풀 수 있는 명상법을 소개하겠다.

1. 화병에 걸리면 주로 가슴이 막힌 것 같은 증상이 나타난다. 심하면 가슴이 뻐근하고 심장이 조이는 듯 느껴진다. 일단 그 답답한 느낌을 풀기 위해 편안한 자세로 앉아 가슴을 펴고 고개를 약간 위로 향한다.

2. 깍지 낀 두 손으로 가슴 부위를 치면서 "아~" 소리를 내며 3분 정도 풀어 준다. 이때 소리가 허공을 향해 날아가는 것이 아니라, 가슴 부위로 파고 들어가게 하는 것이 중요하다. 소리에도 에너지가 있다. 막힌 가슴 부위를 뚫고 들어가게끔 소리 끝을 내부로 향하게 해야 한다. 기침이 나오면 기침을 하고, 가래를 뱉고 싶으면 가래를 뱉어 낸다.

3. 가슴으로 크게 숨을 들이마셨다가 입으로 후하고 내쉬기를 3분 정도 반복한다.

4. 눈을 감고 가슴을 바라본다는 생각으로 나의 의식을 가슴에 집중하고 "아~아~"하는 음을 만든다. 노랫가락처럼 음을 만들다 보면 '아'가 '우'로 변하기도 한다. 그냥 자신이 아는 노래의 음을 가사 없이 표현해 보면서 자신만의 노래를 부른다. 그 과정에서 갑자기 슬픈 음이 나올 수도 있고, 신 나는 음이 나올 수도 있다. 허밍이 진행되는 동안 감정이 해소되고 편안해지는 것을 느끼게 될 것이다.

5. 노래 명상을 마친 뒤, 가능하면 물소리를 배경 음악으로 틀어 놓고 머리 위에서부터 맑은 물이 내 몸으로 흘러들어 온다고 상상한다. 뜨거운 가슴을 씻어 내는 이미지를 떠올리며 명상한다. 물소리를 듣는 것만으로도 뇌파는 안정되고, 화(火)는 수(水)의 기운에 중화되어 편안해질 것이다.

6. 물소리 명상까지 마친 뒤, 가슴속 환하게 빛나는 나의 영혼의 빛을 느끼며 그 모습을 이미지로 바꾸어 본다. 영혼의 이미지를 별 모양으로 보는 경우도 있고, 천사의 모습으로 보는 경우도 있다. 사람마다 다양한 이미지가 나타난다.
그리고 그 이미지에 집중하며 영혼의 소리에 귀 기울인다.

참지 마라, 쌓지 마라, 풀어내라

일단 마음을 좀 진정하고…

물 샤워를 하는 상상으로
열을 좀 식히자.

그리고 내 영혼의 이미지를
생각해 보는 거야.

기를 파악하는 감각이 예민한 사람은 쉽게 그 느낌을 언어로 표현할 수 있다. 언어로 표현은 안 되더라도 그 느낌이 주는 편안함과 충만함 그리고 행복감을 만끽하는 것만으로도 충분하다.

7. 마지막으로 평정심을 되찾고 편안한 삶을 살아가는 나의 모습을 생생하게 그리며 외부 의식으로 나온다.

억압된 우리의 감정은 언젠가 밖으로 터져 나오기 마련이다. 문제는 억압된 감정이 내가 편안한 상황에서는 힘을 못 쓰고 웅크리고 있다가 불편한 상황에서 성난 파도처럼 밀려와 이성을 마비시킨다는 것이다. 그 파도에 휩쓸려가지 않기 위해서는 나의 감정을 바라보아야 한다. 우리 삶을 행복하게 만들어 나가기 위해서는 감정을 제어할 수 있는 힘이 필요하다.

뇌의 자동화 시스템으로 돌아가는 감정과 행동의 악순환을 끊을 수 있는 열쇠는 자기 마음의 주인이 되는 것이다. 그 마음의 주인이 여기서는 나의 영혼이라고 할 수 있다. 나 자신을 똑바로 바라보고 알아차리는 일의 중요성은 아무리 강조해도 지나치지 않는다. 영혼의 이미지가 가슴속에 자리 잡으면, 화가 나는 순간 그 이미지를 떠올려 영혼의 에너지에 집중할 수 있다. 그러면 나를 똑바로 바라보게 되어 화를 제어하는 힘이 생긴다. 부디 제 안의 영성을 찾아 편안한 날들이 되길!

1. 억압된 감정은 생각지 못한 순간에 터져 나와 우리의 이성을 마비시킨다. 행복한 삶을 위해서는 감정을 제어할 힘을 길러야 한다.

2. 노래 명상으로 감정을 밖으로 내보내고, 물소리 명상으로 화(火)의 기운을 중화시킨다.

3. 내 영혼의 모습과 느낌을 상상하고 거기에 에너지를 집중하여 내 마음의 주인이 바로 나임을 알아차린다. 그러면 화를 제어할 힘을 얻을 수 있다.

19. 상사의 짜증, 반사!

마음의 방어막으로 상처받지 않는 법

상사가 출근하면
짜증, 짜증, 짜증~

툭하면 이유 없이
짜증, 짜증, 짜증~

만나면 반갑다고
짜증, 짜증, 짜증~

헤어질 때 또 만나요
짜증, 짜증, 짜증~

왜 나만
갖고 그래.
내가 욕받이야?

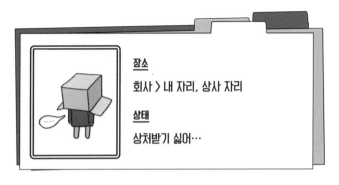

장소

회사 > 내 자리, 상사 자리

상태

상처받기 싫어…

　직장인들은 하루의 3분의 1, 혹은 절반 이상을 동료와 함께 시간을 보내며 가족보다 더 많은 감정 대립을 경험한다. 그들 중에는 주는 것도 없는데 유독 나에게만 잘해 주는 동료가 있는가 하면, 그렇게 인정받기를 원하건만 나에게는 눈길조차 주지 않는 상사도 있다. 평소에 잘 대해 주던 상사가 사사건건 트집을 잡기 시작할 때에는 도무지 그 속을 몰라 답답해지기도 한다. 그야말로 인간관계의 쓴맛, 단맛, 찝찔한 맛은 기본이고, 다채롭고도 별 희한한 맛(?)까지 다 보는 곳이 직장이다. 서열에 따라 이 눈치 저 눈치 보면서 벙어리로, 귀머거리로, 장님으로 살아야만 하는 것이 바로 직장인의 숙명이다.

　이러한 요동치는 인간관계와 상사의 영문 모를 변덕과 짜증 속에서 평정심을 갖기란 그리 쉬운 일이 아니다. 이럴 경우를 대비하여 '스위치 온'과 '스위치 오프'로 방어막 치는 연습을 미리 해 두면 나중에 실용적으로 사용할 수 있다. 먼저 간단한 실험을 해 보겠다.

1. 편안하게 양 주먹을 쥔다. 힘을 줄 수 있을 만큼 꽉 쥐고, 그 힘의 크기가 1에서 10중 몇인지 점수를 매긴다.(주관적인 점수이니, 지금 현재 내가 쥐는 힘이 8이라고 생각되면 8이라 점수를 매긴다. 그것이 지금 나의 표준 점수에 해당한다.)

2. 숨을 들이마셨다가 내쉬기를 3회 반복한 다음, 입으로 "스위치 온"이라 외치고 눈으로는 X표를 그린다. 양손은 앞에서처럼 있는 힘을 다해 주먹을 쥔다. 그 힘의 크기를 앞에서 정한 점수와 비교하여 몇 점에 해당하는지 점수를 매긴다.

3. 숨을 들이마셨다 내쉬기를 3회 반복한 다음, 입으로 "스위치 오프"라고 외치고 눈으로는 두 개의 직선, ||표를 따라 그린다. 있는 힘을 다해 양손 주먹을 쥐어, 그 힘의 크기가 표준 점수와 비교할 때 몇 점 정도 되는지 점수를 매긴다.

4. 집중하고 실험하였다면 "스위치 온." 하면서 X표를 본 경우 근육의 힘이 더 강화되고, "스위치 오프." 하면서 ||표를 본 경우 근육의 힘이 약화되는 것을 경험하게 될 것이다.

그 느낌을 잘 기억하여 눈을 감고 "스위치 온." 하며 X표를 떠올리고, "스위치 오프." 하며 ‖표를 떠올리며 변화하는 에너지를 느끼는 연습을 한다.

5. 연습 후, "스위치 오프"하면서 온몸에 근육이 풀린 듯한 느낌, 긴장감이 해소된 듯한 느낌이 들면 마음으로 내 주위에 상상의 보호막을 만든다. '그 보호막 속에서 나는 아주 편안해져 상대의 일거수일투족에 영향을 받지 않을 것이다.'라는 자기 암시를 한 뒤 천천히 눈을 뜬다.

6. 눈을 뜨고 '스위치 오프'라고 속으로 말하며 보호막 치는 상상을 한다. 그 순간 근육의 긴장이 풀리고 힘이 없어지는 느낌이 든다면 자기 암시가 잘 형성된 것이다.
이렇게 보호막을 만들어 놓고 수시로 연습하여 뇌가 완전히 기억할 수 있게 훈련하자. 그러면 누군가 나를 괴롭히거나 대응하기 힘든 상황에 부닥쳤을 때 스위치 오프와 함께 보호막을 만들면 상처를 덜 받게 될 것이다.

상사가 나에게 짜증을 내고 있다면, 그 짜증이 어디에서 왔는지 그의 심연을 탐색해 보자. 그의 내면에는 일을 잘 처리하여 상사의 상사나 회사로부터 인정받고, 더 높은 지위와 더 많은 급여를 받고 행복했으면 하는 욕구가 존재할 수 있다. 그러한 상황에서 부하 직원이 잘 받쳐 주면 서로 좋을 텐데, 그렇지 못하니 불안하고 조급하여 짜증 섞인 목소리가 나오는 것은 아닐까?

또 자기애가 너무 강한 사람은 자기만 돋보이기를 원한다. 자기가 항상 잘 났다는 느낌을 받을 때 편안함을 느끼는 것이다. 그 이면에는 자신에 대한 취약한 믿음과 자존감이 자리하고 있다. 그런 불안감에 시달리는 상사는 타인에게 호통치거나 타인의 흠을 잡으면서 편안해지는 경향을 보인다.

상사의 자리에서 나를 바라보며 드는 생각이나 느낌을 조용히 정리하다 보면, 실제로 그의 말이나 행동을 이해하는 데 많은 도움이 된다. 누군가를 이해하면 공감하게 되고, 더 이상 격한 감정이 일어나지 않는다. 나아가 측은지심이 일어나기도 한다. 적어도 '그럴 수도 있겠다.'라는 생각이 들면 더 이상 스트레스로 인한 독이 내 몸 안에 생기지 않는다. 이해하

짜증 짜증 짜증…   스위치 오프!

너는 떠들어라. 나는 안 듣는다.

고 공감했다고 그 사람의 말이나 행동에 동의하는 것은 아니라는 점도 잊지 말자.

워커홀릭을 위한 3줄 요약

1. 평소 스위치 온·오프 연습으로 보호막 만드는 연습을 하여 상처 받기 쉬운 상황을 대비하자.

2. 어떤 욕구가 충족되지 못하여 상사가 짜증을 내고 있는지 그의 입장에서 생각해 본다.

3. 상대의 입장을 이해하고 공감했다고 해서 그의 말이나 행동에 동의하는 것은 아니라는 점을 염두에 두자.

20. 멘붕 탈출 119

심기일전 명상호흡

장소

회사 > 내 자리

상태

저 멀리 날아갔어, 휘어이~ 휘어이~

직장인이나 학생들이 겪는 가장 황당한 일 중 하나가 온종일, 또는 밤새워 작성한 자료를 저장해 두지 않아 일순간 날려 버리는 일일 것이다. 글을 다시 쓴다고 해도 그것이 다 기억나지 않음은 물론이다. 차라리 새로 쓰는 것이 쉽지, 썼던 것을 다시 쓰기가 더 어렵다. 이는 한 번 왕창 날려 본 사람이라면 누구나 공감하는 일이다.

백번 잘하다가도 한 번 잘못하면 황망한 일이 발생하는 게 사람의 일! 원치 않는 사고가 발생했다면 재빨리 그 상황에서 벗어나 심기일전하는 자세가 필요하다. 왜? 안타까워하는 시간만큼 시간이 줄어들어 마감이 점점 더 다가오기 때문이다.

이럴 때에는 일단 상기(上氣)된 기를 아래로 내려 주는 일이 필요하다. 여기서 상기란 기가 위로 올라갔다는 의미다. 뇌가 열 받은 상태를 아래로 내려 주어 식힌다는 의미로 해석할 수 있다. 기분(氣分) 전환이라는 말처럼 기의 흐름을 머리에서 발바닥으로 내려 주는 것이다.

1. 황당하기 그지없는 '멘붕' 상태일 때 잠시 모든 것을 멈춘다. 책상에 앉아 깊게 숨을 들이마셨다 내쉬기를 3회 반복한다.

2. 의자에 등을 기대지 않도록 허리를 세워 앉는다. 발뒤꿈치를 쿵쿵 소리 날 정도로 100회 정도 구른다. 이는 상기된 기를 하기(下氣)시켜 주는 효과가 있다.

3. 의식이 발바닥에 집중되면 그 미세한 느낌을 언어로 표현한다.(오른쪽 새끼발가락이 간질간질하다. 발뒤꿈치에 열감이 나면서 발이 뜨거워지는 것 같다 등등.) 발바닥에 집중하면 복잡한 생각과 스트레스가 사라지고 마음이 편안해진다.

4. 숨을 편안하게 들이마셨다가 내쉬면서 나를 바라보는 관찰자 자리를 만든다. 나를 앞에서 바라보는 눈을 만들 수도 있고 뒤에서 바라보는 눈을 만들 수도 있다.

5. 관찰자 자리에서 조용히 내 이름을 불러 본다. 그 순간 갑자기 울컥하는 감정이 들 수도 있고 포근한 느낌이 들 수도 있다.

일단 머리로 '상기'된 기를
발을 쿵쿵 굴러 밑으로 '하기'시키자.

하하하…

억지로 웃어 본다.

하하하하하하하

짝 짝 짝

손바닥을 치면서
더 크게 웃는다.

아이고 배야..
아하하하하하

이왕 이렇게 된 거
뭐 어쩌겠어~

발을 구르고
배를 잡고 넘어가면서
마구 웃는다.

사람마다 그때그때 상황에 따라서 다르게 느껴지는 것을 경험한다.

6. 이름을 부르고 난 뒤, 10년 후 지금의 나를 바라본다고 생각한다. 이런 실수들도 훗날에는 사람들과 둘러앉아 즐겁게 이야기할 수 있는 에피소드가 될 거라고 생각한다.

7. "하, 하, 하." 소리를 내면서 10초 정도 웃어 본다.

8. 어깨를 들썩이면서 20초 정도 웃고, 손바닥을 치면서 웃고, 발을 구르면서 웃는다. 웃음 바이러스에 감염되어 처음에는 힘들게 나왔던 웃음이 점점 쉬워질 것이다. 웃음이 창의력을 증가시킨다는 연구 보고서가 있듯이, 그렇게 웃고 나면 더 창의적이고 기발한 기안서를 작성할 수도 있다.

9. 웃음 명상이 끝나면 다시 자리에 앉아 심호흡하고 긴장을 푼다. 눈을 감고, 작업하면서 중간중간 저장하는 자신의 모습을 뇌 속에 각인시키고는 눈을 뜬다.

감정이 오래가면 기분으로 고착된다. 슬픔이 오래가면 우울한 기분이 되고, 그것이 더 넓고 깊게 자리 잡으면 우울증으로 진행될 수 있다는 얘기다. 그러니 감정을 해소하고 기분을 전환하는 방법을 터득하는 것은 정신 건강을 위해 꼭 필요하다.

가장 좋은 기분 전환 방법은 '멈춤과 딴짓'이다. 화가 나면 일단 화를 멈추고 딴짓(이전과는 다른 행동)을 해 보라. 예전에는 그 자리에 주저앉아 망연자실했다면, 이제부터는 창문을 열고 노래하거나 춤을 추는 등 다른 행동을 해 보는 것이다. 그러면 뇌는 더 이상 익숙한 상황에서 익숙한 감정을 드러내지 않는다.

감정도 습관이다. 외부 상황을 슬프게 받아들이는 사람이 있는가 하면, 모든 것을 기쁘게 받아들이는 사람도 있고, 심각하게 받아들이는 사람도 있다. 평소 어떠한 감정에 익숙한지 자신의 감정 표현을 알아차리는 것도 정신 건강에서 편식을 막는 좋은 방법이다.

워커홀릭을
위한
3줄 요약

1. 멘붕의 순간, 의자에 앉아 허리를 세우고 발뒤꿈치를 쿵쿵 소리
   나게 굴러 상기된 기를 아래로 내려 준다.

2. 관찰자 자리에서 나를 바라보며 위로의 말을 건넨 뒤, 소리나 동작의
   강도를 점점 올리며 웃는다.

3. 가장 좋은 기분 전환 방법은 '멈춤과 딴짓'이다. 멘붕 상황일 때 주저
   앉아 망연자실하지만 말고, 창문을 열거나 노래하거나 춤을 추는 등
   이전과 다른 행동을 해 보라.

상사가 또 개인적인 일을 시킨다!

내 안의 인정 욕구를 알아차리기

위로는 상사, 아래로는 부하 직원, 그리고 함께 입사한 동기들까지. 직장이란 상하좌우로 눈치를 보고 경쟁하거나 조화로움을 만들어 가야 하는 유기적인 조직체다. 이런 복잡다단한 조직에 속하다 보면 한 사람이 이중적인 면을 띠는 일이 비일비재하다. 누군가에게는 아주 관대하여 잘 대해 주는 사람이 또 누군가에게는 가혹할 정도로 냉정하고 비판적인 면을 보인다. 하지만 사람의 관계에서 보면 누구에게나 안 좋은 사람은 없다. 부하 직원에게는 부정적 평가를 받는 사람이 상사에게는 후한 평가를 받기도 하고, 남자 직원들과는 잘 지내는 사람이 여자 직원들과는 불편한 관계를 유지하기도 한다. 상황과 성향에 따라 왠지 모르게 끌리는 사람이 있으면 꺼려지는 사람도 있기 마련이다. 그야말로 직장 내 인간관계는 그때그때 다르다.

우리는 자신이 경험한 과거의 사건에 영향을 받아 무의식적으로 현재 처한 환경이나 사람에 대해 편견을 가진다. 누군가와 이야기하다가 안 좋은 감정이 생겼다면, 그 이면에는 내 욕구와 욕망이 충족되지 못해 생긴 불쾌감이 자리하고 있을 가능성이 크다. 그 불쾌감은 분노나 슬픔 등 다양한 감정으로 나타난다. 흔히 사람들은 "~때문에" 화가 났다고 생각한다. 달리 생각해 보면 "~때문에" 화가 난 것이 아니라 자기의 다양한 욕구와 욕망이 충족되지 않았기 때문에 화가 났는데도 말이다.

아오~

더럽고! 치사하고!
아니꼽고! 메스꺼워!

퍽

인간의 다양한 욕구들, 식욕, 성욕, 수면욕, 애정욕, 소속욕, 명예욕,
지배욕, 자아 성장 욕구, 자아 완성 욕구 등은 우리의 감정이나 생각,
행동에 영향을 끼친다. 이러한 욕구와 욕망을 있는 그대로 바라보고
알아차릴 때, 더 이상 거기에 빠져 허우적거리지 않을 수 있다. 평소
나의 감정을 제대로 알아차리고 표현하는 연습을 하면, 상대와 대화할
때에도 좀 더 유연하게 서로 이해하고 소통할 수 있다.

상사가 일을 시켰다. 짜증은 나지만 일단 알겠다고 하고 일을 받아
왔다. 그러나 심장은 두근두근 뛰고, 머리 위로 열은 오르고, 입에서는
욕설이 삐져나올까 말까 하는 상황. 이때 이런 명상을 해 보는 것은 어
떨까?

상사가 또 개인적인 일을 시킨다!

1. 조용히 내 몸에 집중하고 내 의식이 가장 먼저 머무르는 곳을 찾아본다. 그곳은 심장일 수도 있고, 가슴일 수도 있고, 목덜미일 수도 있다.

2. 만약 심장이라면 그 느낌을 말로 표현해 본다. 팽창하는지 수축하는지, 뜨거운지 차가운지, 느끼는 그대로 표현한다. "심장이 뜨겁고 팽창하여 꽉 찬 느낌이 든다."라고 표현하는 순간, 그저 단순했던 느낌이 좀 더 구체화되고 의식화된다.

3. 같은 방법으로 심장의 상태를 구체적으로 살펴본다. 상태를 알아차린 뒤, 계속 심장을 바라보면서 더 깊게 심연으로 의식을 이동한다. 그 느낌 뒤에 숨어 있는 생각이나 감정이 무엇인지를 집중하고 찾아가는 과정이다.

4. 심장에 집중하여 심연으로 들어가는 도중 생기는 변화 과정을 언어로 표현해 본다.
   갑자기 억울한 감정이 들기도 하면서 화나 짜증의 감정이 잔잔한 슬픔으로 변화되는 것을 감지할 수 있을 것이다. 분노 뒤에는 슬픔의 감정이 드러나는 경우가 대부분이다.

이 과정에서 자기도 모르게 눈물을 흘리거나 한숨이 나오기도 한다. 그것은 감정이 해소되고 자신의 내부를 바라보는 과정에서 자연스럽게 나타나는 현상이므로 걱정할 필요는 없다.

5. 그 슬픔 아래에 또 무엇이 있는지 더 깊게 자신의 내면으로 들어간다. 싫다는 말도 제대로 못 하고 눈치나 보면서 당하기만 하는 자신의 모습이 초라해 보인다는 생각이 들기도 할 것이다. 그 생각마저도 그냥 바라보면서 더 깊게 들어간다. 초라해 보인다는 생각이 어디에서 나온 것인지 그 원인을 찾아간다는 마음으로 더 깊게 집중한다.

그러다 보면 그동안 하고 싶은 일을 하기보다는 타인에게 인정받고 잘 보이려고 애썼던 자신을 불현듯 발견하게 될 것이다. 나의 진정한 욕구를 무시한 채, 싫어도 싫다는 말을 하지 않으며 타인의 삶을 살아 왔다고 해도 과언이 아니다.

6. 그런 나를 있는 그대로 바라보고 이해한다. '그래, 좋은 사람이라고 인정받고 싶었고, 능력 있는 사람이라고 인정받고 싶었구나. 그래서 거절하지 못하고 힘들어도 그렇게 일하고 있었구나.'라고 그동안 힘들게 지내 온 자신을 위로한다.

욕구와 욕망은 누구에게나 있다. 그것은 우리가 살아갈 동기가 되어 준다. 고로 욕구와 욕망을 버릴 것이 아니라, 그것이 추한 것이고 버려야 할 것으로 생각하는 편견을 버려야 한다. 욕구와 욕망에 빠지지도, 그것을 회피하지도 않고 당당히 그 주인이 되어 컨트롤하는 자세가 필요하다.

이제 당신은 좋은 사람, 능력 있는 사람으로 인정받고 싶은 욕구 때문에 상사가 시킨 일을 거절하지 않았던 자신의 모습을 알아차렸다. 그럼 앞으로 어떻게 할 것인지 한번 생각해 보라. 만약 상사의 부탁을 거절한다고 해도 나쁜 부하나 능력이 없는 사람이라고 평가받지 않을 거로 예상된다면, 당신은 이제 상사에게 당당하게 거절의 표현을 할 수 있다. 그때 알아차린 감정과 욕구 등을 잘 표현해야 상대 감정을 상하게 하지 않으면서 나의 의도를 잘 전달할 수 있다.

상사가 또 개인적인 일을 시킨다!

예를 들어 이렇게 표현해 보자.

"김 부장님, 제가 시간이 허락하면 부장님의 부탁을 들어드리고 싶습니다. 하지만 제가 해야 할 일이 많고, 그 업무에 대한 파악이 안 돼서 잘 해낼 수 있을지 두렵습니다."

그러면 대개 상사는 자신의 명령에 불복종한다고 불쾌해하기보다는 당신의 상황을 이해해 줄 것이다. 상사나 동료와 대화할 때는 일단 그들의 말을 받아들여 인정하고, 그 사안에 대한 자신의 생각과 감정과

욕구를 표현해 불필요한 오해의 여지를 없애도록 하자.

앞의 명상을 하고도 일을 해 줄 수 없다는 거절의 말을 못 한 채 가슴에 분노가 쌓였다면 어떻게 해야 할까? 그 경우 취해야 할 해소법을 소개하겠다.

감정은 오래 간직하고 있으면 일정한 기운이 형성되고 우울이나 짜증으로 고착되어 일상에 영향을 끼친다. 그래서 욕을 내뱉거나 막대기로 물건을 내려쳐서라도 내재된 감정들을 풀어내야 한다. 하지만 함께 살아가는 세상에서 기분 좀 상했다고 그 마음을 다 표현하며 살아갈 수는 없는 법. 자신만의 분노 표현법을 찾는 것도 정신 건강을 위해 좋은 일이다.

다음은 그 구체적인 방법이다.

1. 아무도 없는 집에서 간접 조명을 켜 놓은 뒤 편안한 자리에 앉는다. 심호흡을 3회 반복한 뒤 이마에서 발끝까지 차례로 이완한다.

2. 입과 입술, 혀에 모든 의식을 집중하고 움직이면서 에너지를 모은다. "따다다다다……"라는 음을 빠르게 발음하면서 그 소리가 뇌의 깊은 곳으로 퍼져 간다고 상상한다.

3. 반복적인 음이 계속되면 우리의 뇌파는 떨어져 내부 의식으로 쉽게 들어간다. 처음엔 조금 낯설겠지만, 그렇게 집중하여 계속 들어가다 보면 "따다다다다다……"라고 발음되던 음이 일정한 음률을 형성하다가 더 깊게 몰입하여 들어가면서 "뚜두따뜨파……" 등 다양한 음으로 변화한다. 그 과정에 집중하고 몰입하면 감정이 섞인 무작위 단어들이 튀어나온다. 무슨 말을 하는지 알 수는 없지만, 그냥 화를 내는 것처럼 들리기도 하고, 신세 한탄을 하는 것처럼 들리기도 한다.

4. 그 과정을 계속 진행하다 보면 감정은 점점 해소되고, 입에서 편안한 음들이 나오면서 멈추게 된다.

5. 감정이 해소되고 잠잠해지면 관찰자 자리에서 나 자신을 바라보며 말을 건네고 위로하고 안아 준다.

내가 나를 이해하고 사랑하면, 내 안에 무한한 자비심이 흘러나오는 것을 체험할 수 있다. 그때서야 비로소 타인을 이해하고 타인을 사랑할 수 있는 마음의 여유가 생긴다. 나조차 이해하고 사랑하지 못하는 사람이 어찌 타인을 이해하고 사랑할 수 있겠는가?

내 마음이 바뀌면 세상을 바라보는 내 생각이 바뀐다. 그렇게 변화된 세상은 더 이상 삭막하고 힘든 세상이 아니라 행복하고 기회로 가득 찬 세상이 될 것이다.

1. 회사에서 누군가와 안 좋은 감정이 생겼을 때, 그 이면에는 나 자신의 욕구와 욕망이 충족되지 못해 생긴 불쾌감이 자리하고 있을 가능성이 크다.

2. 상사가 나에게 개인적인 일을 시킬 때, 싫지만 거절하지 못하는 것은 나의 인정 욕구 때문일 가능성이 크다. 나의 욕망을 이해하고 상사에게 솔직하게 거절하는 표현을 하라.

3. 그래도 화가 풀리지 않으면 입과 입술, 혀에 의식을 집중하며 "따다 다다다다……."라고 내뱉으며 변하는 음률에 몰입하며 분노를 해소한다.

모처럼 회사를 벗어났는데, 할 일이 없다!

발바닥 자극 야외 걷기 명상

시간의 가치는 상대적이다. 사랑하는 사람과 함께 있나 보면 그 시간은 너무도 빨리 지나간다. 하지만 똑같은 한 시간이라도 싫어하거나 어색한 사람과 보낼 때는 그야말로 서너 시간, 아니 하루처럼 길게 느껴진다. 시간이나 거리와 같은 절대적인 수치도 그것을 받아들이는 사람의 마음가짐에 따라 상대적인 법이다.

이는 직장 생활에서도 마찬가지다. 근무 시간과 직장이라는 절대적 시간과 공간이 존재하지만, 그것을 내가 어떻게 생각하고 인식하느냐에 따라 지루하고 딱딱한 곳이 안락하고 행복한 곳으로 될 수 있다.

모처럼 사무실을 벗어나 외근할 때, 일이 일찍 끝나 뜻하지 않은 여분의 시간이 나에게 주어졌다고 가정해 보자. 그 시간을 인터넷 검색이나 하면서 보내기에는 너무 아깝지 않은가? 이럴 때 복잡한 머리를 식힐 수 있는 야외 명상법을 소개하겠다.

호기심은 무언가에 주의 집중하는 힘을 부여하고, 주의 집중 훈련은 몰입이라는 선물을 준다. 몰입할 때 우리는 묘한 성취감과 행복감을 느낀다. 딱딱한 콘크리트와 시끄러운 소음들로 둘러싸여 있는, 그야말로 안락함을 느끼기 어려운 도심 한가운데에 있을지라도, 사람은 어느 하나의 자극에 선택적으로 집중하는 능력을 갖고 있다.

다음은 주변 사물을 관찰하며 할 수 있는 명상법이다.

1. 일상을 벗어난 공간에서 푸른 잎이나 나무, 꽃, 물과 같은 것
을 찾아본다.

2. 꽃이 보이면 꽃송이 하나, 나무가 보이면 나뭇잎 하나에 집
중하여 돋보기로 확장하듯 자세히 들여다본다.
손으로도 만져 보고, 향기도 맡아 보고, 귀에 대고 소리도 들
어 본다. 오감을 활용해 한 사물을 느껴 보고 관찰하는 것
자체가 피곤한 뇌를 쉬게 하고 사물에 대한 관찰 능력을 키
우는 효과를 불러온다.

3. 하나의 사물을 5분 이상 관찰한 뒤, 그 대상과 연관되어 생
각나는 것들을 언어로 표현하면서 눈을 감고 그 이미지를
연상한다.

예를 들어 꽃을 관찰한 뒤 꽃과 연관된 것들을 떠올려 본다. 갑자기 어릴 적 뛰어놀던 동산이 떠오르면서 "나의 살던 고향은 꽃피는 산골……."로 시작되는 노래가 자연스럽게 떠오를 수도 있고, 김이 모락모락 피어나는 고향 집 굴뚝이 떠오를 수도 있다. 퇴근하고 돌아오시던 아버지의 발걸음 소리가 연상되고, 가족들이 모여 앉아 즐겁게 식사를 하는 모습이 떠오를 수도 있다.

4. 단어의 꼬리를 물고 오감의 기억을 따라 머릿속에서 슬라이드를 돌리다 보면 자신도 모르게 기분이 좋아지고, 아련한 그리움의 감정에 젖기도 한다. 우울감이 심할 때에는 눈물이 흐를 수도 있다. 그러한 과정을 통하여 연상되는 내용에 따라 지금 나의 무의식 상태가 어떠한지를 알아차린다.

알아차림에는 신기한 힘이 있다. 자신이 슬퍼하는지 외로워하는지 모른 채 생활하다 보면 아무래도 감정 조절이 잘 안 되는 경우가 많다. 하지만 이 과정을 통해 자신이 지금 약간 우울하고 쉬고 싶다는 생각이 든다는 사실을 알아차리고 나면, 그 상황을 이겨 내는 데 많은 도움이 된다.

보통 이러한 연습을 하다 보면, 기분이 좋을 때는 연상되는 이미지가 즐겁고 활기차기만 하다. 반면 기분이 우울하거나 긴장이 많이 되어 있을 때는 연상되는 단어나 이미지들도 우울하거나 잘 떠오르지 않는다. 그럴 때에는 의도적으로 긍정적인 단어나 사물을 떠올리려 노력해 보라. 가라앉은 기분을 상승시키는 효과가 있다. 생각이 감정과 행동을 만들어 내듯이 역으로 나의 행동이 감정과 생각을 만들어 내기도 한다.

명상 프로그램 중 "감사합니다."만을 반복하는 프로그램이 있다. 처음에는 어색하고 낯설지만 어두운 방 안에서 무조건 "감사합니다, 감사합니다." 하고 주문처럼 외치다 보면 갑자기 눈물이 흐르면서 정말로 감사한 것이 너무 많다고 느껴진다.

이는 단조로운 음을 반복하여 듣거나 말할 때 뇌파가 떨어져 무의식에 쉽게 도달하는 원리를 활용한 명상법이다. "옴마니밧메홈"과 같이 비슷한 음을 반복하는 수련들을 일컬어 활구 수련이라고 하는데, 이 수련법을 통해 겪는 신비한 체험들은 뇌파가 떨어지면서 나타나는 자연스러운 현상 중 하나다. 이때 뇌에서는 다양한 화학물질이 나와 우리를 행복하게 한다.

명상에 대한 과학적 연구가 없었던 20~30여 년 전만 해도 이러한 체험들을 신비주의적으로 받아들여 뭇사람들은 영적 환상을 갖기도 하였다. 여러분도 명상 수련의 좋은 효과들을 잘 활용하여 항상 깨어 있는 의식으로 알아차림과 변화의 주인이 되기를 바란다.

주변 사물을 관찰하여 명상한 뒤에는 야외에서 할 수 있는 간단한 걷기 명상을 해 보자.

항상 신발 안에 갇힌 발은 점점 감각이 무뎌져 우리의 관심 밖이기 쉽다. 자투리 시간에 그동안 무관심했던 발바닥에 관심을 두고 그 감각을 깨어나게 하는 것도 좋은 일이다.

발바닥에 있는 촉각 수용기는 압박을 가하면 뇌에 신호를 보낸다. 이 신호들은 다른 정보들과 결합하여 우리의 활동을 민첩하게 한다. 그런데 나이가 들어 가면서 촉각 수용기의 민감도가 떨어지면, 균형도 잘 잡지 못하고, 자세가 구부정해진다. 한 연구에 따르면, 미세한 진동을 일으키는 신발 깔창을 사용한 80대 노인들이 30대처럼 똑바로 설 수 있었다고 한다. 이처럼 걷기 명상은 촉각 수용기를 자극하여 꼿꼿한 자세를 유지하는 데 좋다. 평소 자갈길을 맨발로 걷는 등 지압을 자주 하면 발바닥 감각이 예민해진다.

구체적인 방법은 다음과 같다.

1. 탭 댄서가 되었다고 생각하고 상쾌한 마음으로 5분 정도 오로지 발바닥에만 마음을 집중하여 다리를 움직여 본다.

   이때 발바닥 구석구석을 빼놓지 않고 자극해 주는 것이 좋다. 발꿈치는 물론 발 중앙, 측면, 발가락 등 다양한 동작을 통하여 발바닥 전체를 자극한다.

2. 발바닥이 얼얼하고 충분히 느낄 수 있는 상태가 되었다면, 최대한 상상력을 동원해 걷기 명상을 한다. 신발을 벗지 않아도 맨발이라고 생각하며 남태평양 바닷가를 걷고 있는 듯 걸어 본다. 까끌까끌하면서도 따뜻한 모래밭 위를 걷는 느낌이 들 것이다. 최대한 생생하게 느끼며 "앗 뜨거워. 발가락 사이에 모래가 껴서 까끌까끌하네."라고 표현하면, 뇌는 내가 상상하고 말하는 대로 인식하고 반응할 것이다.

3. 모래밭이 끝나고 맨발로 자갈길을 걸어간다고 생각한다.

   정말로 그렇게 생각하면 쉽게 발을 내디딜 수 없을 것이다. 조심조심 발을 내딛으며 발바닥에 압통을 강하게 느끼는 상황을 연출한다. "아, 아파!"하면서 그 압력에 의한 통증의 강도를 기억하고 느낀다.

나는 지금…
남태평양의 바닷가를 걷고있다.

발가락 사이로 따뜻한 모래가 들어온다.
아 간지럽고 기분 좋아. ㅋㅋㅋ

상상과 실제를 결합한 걷기 명상을 하고 나면 기분이 좋아질 뿐만 아니라, 발바닥에 대한 감각도 깨어나 뭐라 표현할 수 없는 묘한 경험을 하게 된다. 집으로 돌아가 따뜻한 물에 발을 담그고 구석구석까지 마사지한다면, 그야말로 그날은 발이 축복받은 날이다. 발이 건강하면 온몸이 건강하다는 사실을 잊지 마라.

일상 속에서 오감을 자극하며 상상하면 뇌의 감각 세포가 자극을 받는다. 감각 세포가 민감해지면 우리는 더 많이 볼 수 있고, 더 많이 들을 수 있으며, 더 많이 느낄 수 있다. 그만큼 주의 집중하고 몰입했다는 얘기다.

내 앞에 있는 사물 하나, 사람 하나를 지금까지 해 온 것보다 좀 더 많이 관찰하고 느낄 수 있다면, 우리는 그 사물이나 사람과 사랑에 빠질 수밖에 없다. 사랑에 빠졌을 때 우리는 자지 않아도 졸리지 않고, 먹지 않아도 배고프지 않았다는 사실을 기억할 것이다. 우리의 사랑이

식어 버린 것은, 어쩌면 더 이상 새로운 것을 발견하지 못하는 무관심 때문은 아닐는지 곰곰이 한번 생각해 보자.

1. 주변에서 흔히 볼 수 있는 나무, 꽃, 잎 등에서 연상되는 이미지를 찾아 지금 나의 무의식의 상태를 알아차린다.

2. 발바닥에 마음을 집중하고 움직여 그 전체를 자극한다. 맨발로 모래밭이나 자갈길을 걷는다고 상상하며 발바닥의 감각을 느껴 본다.

3. 일상생활 속에서 오감을 자극하며 상상하는 일은 뇌의 감각 세포를 자극한다. 감각 세포가 민감해지면 더 많이 볼 수 있고, 더 많이 느낄 수 있다.

4부

야근/퇴근 모드

PM 06:00

21. 뇌의 자동화 시스템을 멈춰라

야근에 대처하는 우리의 자세

장소

회사 〉 내 자리

상태

야근을 할까 말까, 할까 말까, 할까 말까, 할까 말까, 할까 말까, 할까 말까…

집에 안 가나?

"대체 점심을 뭘 먹을 것인가?"와 더불어 "야근을 할까 말까?"는 직장인의 최대 고민 중 하나다. 점심시간과 더불어 직장 생활의 꽃인 야근. (잠깐, 나 눈물 좀 닦고) 어차피 해야 하는 야근이라면, 최상의 타협점을 찾는 게 현실적인 방법이겠다.

야근에 들어가기에 앞서 우리 뇌의 시스템에 대해 알아보자. 생각도 습관이고, 감정도 습관이다. 뇌는 자동화 시스템으로 작동한다. 어떠한 단어나 사물, 사건 등에 자동으로 익숙한 생각과 감정을 나타내는데, 그 습관화된 생각이나 감정을 확대하고 강화하려는 경향이 있다. 그래서 야근과 함께 떠오르는 생각이나 감정을 알아차리는 것은 습관화된 내 생각과 감정을 바꾸는 출발점이 된다. 뇌는 우리에게 이로운 것을 선택하는 시스템이 아니라 익숙하고 습관화된 것을 선택하여 자동으로 돌아가는 시스템이라는 사실을 알아차려야 한다.

'야근'이라는 단어를 들었을 때 마음속에는 어떤 생각와 느낌이 가장 먼저 드는가? 만약 긍정적이고 편안한 느낌이 들었다면, (당신은 참 행복한 사람이다.) 최대한 그 느낌을 확장하며 행복감을 온몸으로 퍼져 나가도록 한다. "야근 수당이 나에게는 경제적인 이득이 될 것이다." "이 야근으로 나는 내가 맡은 업무를 더 잘 처리할 수 있다."라고 하며 야근으로 내가 얻을 수 있는 보상이나 선물을 구체적으로 표현한다. 나의 얼굴이나 감정 상태를 이미지로 만들어 충분하게 느끼고 나서 야근에 들어간다.

반대로 부정적이고 불편한 느낌이 들었다면 그 느낌을 바꿔야 한다. 3회 정도 깊게 심호흡하고 제자리에 편하게 앉아 머리에서 발끝까지 이완한 뒤 야근을 통해 내가 얻을 수 있는 긍정적인 효과를 하나씩 찾아본다. 그리고는 그 긍정적 효과가 나타났을 때 나의 감정과 몸의 상태를 영화를 상영하듯이 눈을 감고 표현한다.

야근에 대한 생각을 긍정적으로 바꾼 뒤, 상쾌한 몸을 만들기 위해 간단한 혈을 자극하여 경직된 목과 어깨의 근육을 풀어 주자. 이른바 '아시혈 자극법'이라고 한다. 아시혈이란 눌러서 아픈 부위를 가리키는 말이다. 한의학에서는 그곳을 질병의 반응점으로 여겨 침을 놓거나 마사지하여 통증을 완화시키고는 한다.

일단 야근 수당이 쌓인다.

게다가 공짜로 저녁 식사가 해결되지.^^

1. 고개를 약간 뒤로 젖힌 뒤 양 손가락을 목이 끝나는 지점, 쇄골 위쪽을 가운데부터 어깨 쪽으로 천천히 눌러 가장 아픈 곳을 찾는다.

2. 가장 아픈 곳을 손끝으로 압박하면서 지그시 눌러 준다. 이 때 그 통증을 그대로 느끼며 호흡한다. 손가락으로는 계속 아픈 혈 자리, 즉 아시혈을 강하게 눌러 주어야 한다.
   그렇게 강하게 누르다 보면 통증이 팔까지 퍼져 나가고 맥박이 증가하는 등 스트레스를 받았을 때와 같은 증상이 나타난다. 우리 몸에서는 통증 같은 스트레스에 대응하기 위해 다양한 화학 물질들이 나온다. 강한 통증을 없애기 위한 물질이 분비되어 1~3분 정도 지나면 내가 누르는 강한 압력에도 통증을 잘 느끼지 못하는 순간이 올 것이다. 그러면 압박을 가하던 손을 풀고 고개를 제자리로 한 다음 편안하게 호흡하고 기운을 정리한다.

3. 고개를 약간 왼쪽으로 기울이고 오른쪽 쇄골에서 어깨 쪽으로 눌러 가면서 가장 아픈 곳을 찾는다. 그곳을 강하게 누르

거나 양손으로 꼬집듯 잡아서 통증을 그대로 느끼며 눈을
감고 통증이 사라질 때까지 견딘다.

4. 같은 방법으로 반대쪽과 목덜미의 통증 부위를 오랫동안 강
   하게 압박하면서 호흡을 조절한다. 그러다 보면 어느 순간
   통증이 사라져 목을 돌리기도 수월하고 전체적으로 가벼워
   진 몸을 느낄 수 있다.

명상은 마음의 주인이 되어 뇌의 자동화 시스템을 잠시 멈추고, 그
것을 내가 원하는 방향으로 바꾸는 것이다. 습관화되어 자동으로 진행
되는 생각이나 감정은 나의 몸과 마음에 영향을 끼친다. 하지만 그것
을 알고만 있는 것과 실제로 그 순간에 자동화 시스템을 멈추려고 실
행하는 것은 그 결과가 천양지차다. "머리로 아는 것이 아니라 몸으로
기억하게 하라."는 말처럼, 일상 속에서 잠시 멈춰 자신의 생각이나
감정과 느낌 등을 관찰하고 알아차려야 한다. 이러한 연습은 건강하고
행복한 삶을 위해 꼭 해야 할 일이다.

그런 의미에서 지금 이 순간 잠시 멈춰 나의 몸을 느껴 보라. 엉덩이
가 의자에 닿은 압력이 동일한가? 만약 아니라면 몸이 한쪽으로 기울

어져 있기 때문이 아닌지 한번 살펴보라. 그 자세가 편하기에 나도 모르게 기울어진 채로 앉아 있는 것은 아닌가. 균형을 바로잡기 위해서는 순간순간 멈춰 내 몸의 자세를 바라보는 것, 내 감정 상태를 바라보는 것이 필요하다. 그러한 습관이 익숙해지면 나의 뇌는 건강하고 행복한 자동화 시스템에 들어선 것이나 다름없다.

야근 안 하고 어디 가세요?

같이 누려요, 저녁이 있는 삶

워커홀릭을 위한 3줄 요약

1. 야근이라는 단어에 긍정적인 느낌이 들었다면 그 느낌을 확장한다. 부정적인 느낌이 들었다면 야근을 통해 내가 얻을 수 있는 긍정적인 효과를 찾아본다.

2. 경직된 목과 어깨를 푸는 데에는 아픈 부위를 지속해서 눌러 주는 아시혈 자극법이 좋다.

3. 명상은 마음의 주인이 되어 뇌의 자동화 시스템을 잠시 멈추고, 그 방향을 내가 원하는 쪽으로 바꾸는 행위다.

22. 취하는 것도 습관이다

토탈 숙취 해소법

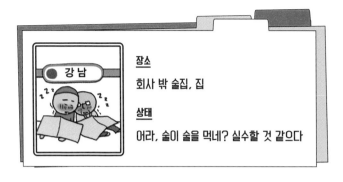

술을 잘 마실 수 있는 명상이나 술 먹고 실수한 기억을 지워 주는 명상이 있으면 얼마나 좋을까만은(레드썬!) 현실은 그렇지가 못하다. 술을 아예 못 마신다면 모르겠지만, 업무상 바이어를 접대하거나 상사와 술자리를 갖는 등 부득이하게 술을 마셔야 하는 상황이라면 잘 마시고 나서 그 숙취를 잘 해결하는 것이 최선의 방법이라 할 수 있다.

알코올은 뇌 속 억제 중추를 풀어 주는 약리 작용을 일으킨다. 그래서 술을 마시면 평소 억제되었던 감정들이 잘 드러나곤 한다. 평소 분노를 억제하며 살았던 사람은 술만 먹으면 괜히 화를 내거나 시비를 걸기도 하고, 평소 사랑의 감정을 억제했던 사람은 술을 마시면 그 표현에 과감해지기도 한다.

넘치면 부족한 것만 못하다고, 알코올 역시 마찬가지다. 술은 약처럼 사람에 따라 반응하는 양, 즉 치사량이 다르다. 알코올 분해 효소가 잘 분비되는 사람은 많은 양의 술을 마셔도 쉽게 해독한다. 하지만 알코올 분해 효소가 선천적으로 적은 사람은 그야말로 술이 독처럼 작용한다. 그래서 당연한 말 같지만, 평소 자신의 주량을 파악하고 술은 과하지 않게 먹는 것이 최선이다. 꼭 먹어야 하는 상황이라면 술 마시기 전에 숙취 해소 음료를 미리 먹어 두자. 물론 이런 상황에서는 술이 잘 취하지 않아 오히려 필요 이상으로 술을 먹게 되는 부작용이 일어난다는 것도 알아야 한다.

술과 관련된 명상 중 와인 명상이라는 것이 있으니 한번 살펴보자.

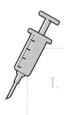

1. 잔을 들고 붉은 기가 도는 와인을 바라본다. 와인 색에만 집중해도 몸이 따뜻해지고 약간 황홀한 느낌이 들기 쉽다.

2. 코에 잔을 가져가 향기를 먼저 마신다. 뇌 속과 온몸으로 향이 퍼져 가는 느낌만으로도, 술에 취한 느낌은 배가 된다. 나른하고 행복한 느낌이 점점 퍼져 가는 이때, 잔잔한 음악까지 흐른다면 그야말로 금상첨화!

3. 적은 양의 와인을 혀에 가져간다. 혀 전체로 퍼져 가는 알코

올 기운과 목으로 넘어가는 느낌을 따라간다.

온몸에 일렁이는 느낌에 집중하다 보면, 와인을 조금 마셨는데도 거기 담긴 에너지를 충분히 섭취하여 과음할 필요가 없다.

식사할 때와 마찬가지로 술 마실 때에도 그 맛과 향기를 오감으로 집중하면, 행복하게 만드는 호르몬들이 나와 과식이나 과음을 막을 수 있다.

우리 몸의 해독 기관은 폐와 대장, 간, 신장, 피부 등이다. 숙취 해소를 빠르게 하기 위해 깊은 호흡을 하면, 폐에서 산소와 이산화탄소의 교환을 활성화해 해독에 도움을 준다. 술에 취해 집으로 돌아오는 길, 맑은 공기가 있는 곳에서 잠시 머무르며 깊게 호흡하는 것도 다음 날 숙취로 고생하지 않는 방법이다.

또 술을 마시고 들어온 날, 그냥 자는 것보다 관장하고 나서 자는 것이 좋다. 간이 술을 해독하기에도 바쁜데, 장마저 대변으로 가득 차 있다면 그곳의 안 좋은 물질들이 재흡수되어 간의 업무가 과중해진다. 하지만 취한 상태에서 관장까지 할 정도로 해독해야만 한다는 책임감이 강한 사람이 세상에 얼마나 있을까? 대신 물을 많이 마시는 것이나

집에 들어가기 전에
잠시 맑은 공기 호흡하기.

폐의 해독을 위하여~

잠들기 전에
장을 비우자.

간의 해독을 위하여~

물을 많이 마시고
족욕을 하자.

신장과 피부의 해독을 위하여~

족욕으로 몸에 촉촉한 땀을 내는 것도 해독에 도움이 된다.

술은 혈액 순환에 도움이 되고 긴장된 근육을 풀어 주어 한 잔 정도는 명상에 도움을 준다. 그러나 과하면 그 장점을 느낄 기회를 박탈당해 술이 술을 먹는 순간이 온다. 고로 술자리 전에 술을 마시는 이유를 바르게 인식하자. 어느 정도까지 마실 것이며, 언제 그만 마실 것인지 예측하는 것이 좋다.

또 되도록 기분이 안 좋은 경우에는 술을 마시지 말아야 한다. 뇌는 익숙한 것에 편안함을 느낀다. 기분만 나쁘면 술 생각이 나고, 술을 먹으면 화내거나 울거나 하는 식으로 습관화되기 쉽다. 좋은 행동은 선순환되도록 습관화시키고, 이롭지 못한 행동은 습관화되기 전에 예방하는 것이 최선의 치료책이다.

부장님, 해장술 어떠세요?

톡

우욱

내가 호랑이 새끼를 키웠구나!

워커홀릭을 위한 3줄 요약

1. 알코올은 뇌 속 억제 중추를 풀어 주는 약리 작용을 일으켜 평소 억제되었던 감정들이 잘 드러나게 한다.

2. 숙취 해소에는 깊은 호흡, 관장, 물 마시기, 족욕 등이 효과가 있다.

3. 술을 마시기 전에 어느 정도까지 마실 것이며, 언제 그만 마실 것인지 예측한다. 되도록 기분이 안 좋은 경우에는 술을 마시지 않는다.

23. 퇴근길 혼자 놀기의 진수!

게임보다 재밌는 학습 명상

피곤하고 지루한 퇴근길…

하지만 내겐 스마트폰 게임이 있지!

장소
지하철, 버스

상태
집까지 순간 이동해서 갔으면!

어기면 욕먹는 것이 출근 시간, 지키면 욕먹는 것이 퇴근 시간이라고 했던가! 상사의 눈길을 피해 정시에 퇴근한 당신에게는 아직 두 번째 관문, 만원 지하철(혹은 버스)이 남아 있다. 집까지 가는 길은 멀기만 하고, 대중교통의 그 피곤하고 지루한 분위기를 버티기 위해서는 스마트폰 게임이 필수다. 아닌 게 아니라 게임 속 세상에 빠지면 시간은 금세 지나가 버린다. 옆 사람 불편한 시선을 의식할 필요도 없고, 퇴근 시간 도시의 지하철 냄새와 답답함을 느낄 필요도 없다. 그런데 하필 이럴 때 스마트폰 배터리가 다 되었다면 어떻게 하겠는가? 집으로 가는 길이 멀게만 느껴지는 당신에게 재미있는 명상법 몇 가지를 소개하겠다.

이때 할 수 있는 가장 손쉬운 명상법이 자신의 몸에 집중하는 '마음모음' 명상이다. 말 그대로 외부를 향한 우리 감각을 내 안으로 집중하여 모으는 명상법이다. 처음에는 호흡이 들고 나가는 것에 집중하다가 좀 익숙해지면 발가락부터 천천히 몸 하나하나의 느낌에 집중한다. 지하철이 흔들릴 때 몸의 무게 중심이 어디로 움직이고, 근육의 상태가 어떻게 변화하는지 등을 살핀다. 처음에는 느낌도 잘 오지 않고 재미도 없을 수 있지만, 연습할수록 몸에 대한 감각이 살아나 재미가 붙는다. 명상이란 하면 할수록 그 재미가 더해 가는 마음 수련법이라는 것을 상기하며 습관화시키기를 바란다.

마음 모음 명상이 어느 정도 익숙해지면 그다음으로 뇌 단련 명상을 한다. 학생들에게 많이 권했던 학습 명상법 중 하나가 뇌 속에 영어 방, 수학 방, 역사 방 등 학습과 관련된 방을 만드는 것이다. 이러한 명상은 공부할 때 활성화되는 뇌의 영역들을 준비시키는 역할을 한다.

구체적인 방법은 다음과 같다.

1. 영어 방을 만들 때 먼저 그곳으로 들어가는 문의 모양을 만든다. 영화관처럼 방음 처리가 된 두껍고 붉은색 문일 수도 있다. 사람마다 각기 다른 문이 연상될 것이다. 문 재질이 무엇인지 만져도 보고, 그 앞에 문패도 달아 본다. 이때 문패는 영어로 쓰여 있어야 한다.

퇴근길 혼자 놀기의 진수!

2. 영어 방에 들어가면 한국어 모드는 끈 상태로 진행한다. 일단 그 안에 보이는 것들을 영어로 표현한다. 무엇 앞에 무엇이 있는지, 어떤 색이고 어떻게 생겼는지 등등. 처음에는 이미지와 함께 떠오른 단어들만 연상하는 것도 좋다.

3. 그러다 떠오른 구체적인 이미지를 영어로 표현해 본다. 만약 적확한 단어가 떠오르지 않는다면 그 영상을 기억해 두자. 집에 와 사전을 찾을 때 그 영상이 쉽게 떠올라 해당하는 단어를 더 잘 기억할 수 있다.

4. 시간이 지나 익숙해지면, 그 방에 들어가기만 해도 어디선가 영어가 들려올 것이다. 그러면 그 영어 단어에 귀 기울이며 충분히 연습하자. 점점 뇌 속 영어 모드가 활성화되어 실력이 빠르게 늘어날 것이다.

또 복습 방을 만들어 그날 배운 것을 영상과 함께 정리하는 연습을 하자. 그러면 자투리 시간을 활용하는 것은 물론 암기하는 습관도 활성화되어 실제 생활에서도 그 능력이 향상된다.

오늘은 영어 방에
들어가 볼까?

수학 방을 만들어 단순 계산을 연습할 수도 있다. 주판을 배웠던 사람은 주판알을 튀기는 이미지와 함께 사칙 연산을 한 자리부터 시작하여 점점 많은 자리 수로 늘려 간다. 주판을 배운 경험이 없는 사람은 한 자리 숫자를 적고 덧셈부터 시작하여 연습한다. 글자의 잔상이 남는 시간이 점점 길어지면서 눈을 감고 숫자를 계산하는 능력이 발달할 것이다. 이는 한때 일본에서 유행하던 학습법이었다. 어려운 문제든 쉬운 문제든 수학 문제를 풀 때 활성화되는 뇌 부위가 비슷하다는 점을 활용한 뇌 준비 운동이라 하겠다.

언어를 쓸 때 사용하는 단어들만 자꾸 사용하면 그 외의 단어들을 잊어 버릴 수 있다. 그러므로 이런 시간을 활용해 잘 쓰지 않는 단어나 한자를 떠올리는 연습을 한다면 어떨까. 단어뿐만이 아니라 그 단어에 해당하는 이미지까지 연상하는 연습을 한다면, 나이가 들어도 단어 구사력이나 기억력에 큰 문제가 없을 것이다.

오늘은 중국어 방에 들어가 볼까?

1. '마음 모음' 명상은 외부를 향한 감각을 안으로 집중하여 모으는 명상법이다. 호흡, 몸의 무게 중심, 근육 변화 등에 집중한다.

2. 머릿속에 영어 방, 수학 방, 역사 방 등을 만들어 명상하면, 뇌를 단련하고 학습 능력을 높일 수 있다.

3. 영어 방 안에서는 그 안에 보이는 것들, 들리는 것들을 모두 영어로 표현한다. 이는 영어 공부에 쓰이는 뇌 부분을 워밍업 하여 학습 능력을 높이는 효과가 있다.

24. 호모워커스(Homo Walkers), 걸어야 산다

퇴근길 걷기 명상

요 앞 전철역이요~

가까운 거리도 무조건 차 타기

같이 가요~

좀 걷지. 쯔쯔…

바로 위층도 무조건 엘리베이터

땀을 내서 걸어 본 지가 언제인지…

오늘은 건강을 위해 집까지 걸어가 볼까?

장소
길거리

상태
걷는 게 생각보다 무지 힘들구나!
(내가 왜 그랬지?)

헉헉

TV 드라마 속 등장인물들이 무언가를 골똘히 생각할 때 뒷짐을 지고 마당이나 거실을 이리저리 거니는 모습을 종종 보았을 것이다. 실제로 과학자나 작가들도 좋은 아이디어가 떠오르지 않을 때 산책하거나 여행을 떠나 아이디어를 얻는다. 가만히 한곳에서 생각하는 것보다는 환경을 바꾸고 몸을 움직이는 것이 머리 회전에 좋기 때문이다. 나아가 평생 운동을 한 사람은 그렇지 않은 사람보다 인지, 장기 기억, 추론, 주의력, 문제 해결 능력 등이 더 많이 발달하였다는 연구 결과도 있다.

걷기를 생활화하는 것은 전체적인 건강에 얼마나 중요한 일인지 모른다. 건강은 물론 치매 예방이나 뇌 발달에도 아주 큰 영향을 끼친다. 이번 장에서는 걷기 운동을 좀 더 즐겁고 효과적으로 하기 위한 명상법을 소개하겠다.

1. 회사에서 집으로 가는 길, 평소 무심히 지나쳤던 거리 간판에 집중하면서 걸어간다. 맨 먼저 눈에 들어온 간판은 무엇이었나? 빌딩 위에 번쩍이는 대출 광고였다면, 그 간판 글자를 또박또박 읽는다.

2. 고개를 돌려 마음이 머무르는 다른 간판을 읽는다. 걷기 시작한 지 3분 정도까지는 간판을 또박또박 읽어 내려간다.

3. 간판 색이나 글자 중 어느 곳에 가장 눈길이 머무는지 파악한다. 예를 들어 '돼지 곱창'이라는 간판을 보았을 때 돼지가 먼저 떠오를 수도 있고, 배고픔을 느낄 수도 있다. 비위가 상하는 사람도 있을 것이다. 이런 식으로 간판을 보았을 때 드는 생각이나 느낌을 관찰하는 연습을 한다.

4. 3~5분 정도 걸어가면서 간판을 보며 드는 생각이나 느낌을 충분히 파악했다면, 그중 가장 인상적인 간판을 기억한다. 그 간판을 떠올렸을 때, 어떤 생각과 느낌이 들었는지를 걸어가면서 독백하듯이 말해 본다.

이러한 과정이 끝났다면 다음으로는 연상되는 간판의 의미를 찾아가는 해석법이 필요하다. 사람마다 인상 깊게 본 간판과 그 해석은 각기 다를 수 있으니, 예를 들어 설명해 보겠다.

예물 가게 간판을 보고 결혼할 때 받은 반지와 그때 느꼈던 설렘과 애틋했던 감정을 떠올렸다면, 그 느낌을 되새기며 경쾌하게 걷는다. 바쁜 일상 속에서 잊고 살았던 사랑의 감정을 다시금 연상하는 것이다. 그 느낌을 확장하여 오랜만에 배우자에게 어떻게 사랑 표현을 할 것인지 생각해 보고, 그대로 행동해 보는 것은 어떨까? 무작정 집으로 왔다면 놓쳤을 수도 있었던 사랑의 감정을 표현할 수 있으니 이 얼마나 좋은 일인가? 사랑도 성공도 연습이고 습관이다. 우리가 어떠한 마음으로 가꾸어 나가느냐에 따라 다른 모습과 느낌으로 변화되어 가는 것이다.

반대로 명품 광고 간판을 보면서 그것을 살 수 없는 현실이 갑자기 서글퍼졌다면, 그 감정 뒤에 무엇이 도사리고 있는지 자신의 충족되지 못한 욕구를 관찰한다. 풍요로움 속에 안주하고 싶은 욕구, 남에게 그럴듯하게 보이고자 하는 욕구 등 자신을 있는 그대로 바라본다. 그리고 "삶이 채워도 채워지지 않는 빈 독처럼 느껴져 슬프고 힘이 드는구나?" 라고 부드러운 목소리로 그 상태를 수용하는 말을 건넨다. 자신에게 던지는 위로의 말에 눈물이 흐를 수도 있다. 그러면 그냥 눈물을 흘리자.

거리의 간판을 읽으면서 걸어 보자.

가장 인상적인 간판은?

음… 학원 간판! 정말 많다. - -

가장 기분 좋은 간판은?

바로 저거~ 아, 엄마가 해 주신 칼국수 먹고 싶다.

마지막으로 기장 기분이 좋았던 간판을 떠올린다. '불타는 닭발'이라는 간판을 보았을 때 붉고 매운 느낌이 들어 흥분된다면, 실제로 닭발이 불판 위에서 춤추는 이미지 등을 최대한 코믹하게 연상하면서 즐거운 마음으로 발걸음을 변화시킨다. 내 다리가 닭 다리가 되어 뜨거운 불판 위를 걸어간다면 발걸음은 빨라지고, 그 모습에 웃음이 나올 것이다. 생각만 해도 기분이 좋아지고 발걸음이 빨라지는 것 같지 않은가? 이것이 바로 생각 전환이 기분 전환으로 이어지는 경우이니 잘 연습하여 활용해 보도록 하자.

아마 처음에는 집까지 걸어간다는 생각만 해도 몸과 마음이 피로해질 것이다. 그러나 그 일이 나에게 아주 중요한 일이고, 그 일을 할 때 에너지가 소모되는 것이 아니라 오히려 에너지가 생긴다고 생각을 전환해 보자. 그러면 집에 가까워질수록 힘이 넘치는 신기한 체험을 할 수 있을 것이다.

어? 벌써 집에 다 왔네

1. 걷기 운동은 건강은 물론 치매 예방이나 뇌 발달에도 아주 중요한

   영향을 끼친다.

2. 거리의 간판을 집중하여 읽으며 걸어간다. 인상적인 간판들을 떠올리

   고 어떤 생각과 느낌이 들었는지 독백하듯이 말해 본다.

3. 간판을 보고 드는 느낌 뒤에 자리 잡은 자신의 욕구와 욕망을 생각

   한다. 마지막으로 가장 기분이 좋았던 간판을 떠올리며 발걸음을 변

   화하며 기분을 전환시킨다.

25. 제대로 쉬는 법

피로를 풀고 하루를 정리하는 명상

너무 피곤하다.

집에 가자마자 무조건 푹 쉬어야지.

하지만 집에 오면···

밥 안 먹니?

계속 스마트폰만 들여다보기.

아, 벌써 시간이 이렇게 됐나?

개 피곤···

새벽 2시

결국 오늘도 못 쉬었구나. ㅠㅠ

장소

집 〉 거실, 침실

상태

피로가 안 풀려.

(간 때문만은 아닌 것 같은데…)

기나긴 하루의 여행을 마치고 집으로 돌아온 워커홀릭 당신, 미혼인 직장인은 그때부터 자신만의 시간을 갖겠지만, 결혼한 직장인이라면 아이의 나이에 따라 아직 해야 할 일이 많이 남아 있다. 특히 워킹맘이라면 가사 노동에 파묻혀 1분 1초라도 쉴 수 있는 시간을 마련하기가 녹록지 않을 것이다. 하지만 아무리 바빠도 이것만은 잊지 말기를. 그날 쌓인 피로를 그날 풀어야 한다는 것 말이다.

먼저 하루의 마무리로 족욕을 추천한다. 반신욕도 좋지만, 물이 많이 사용되고 과정도 번거로워 족욕이 더 낫다. 물 온도를 항온으로 맞춰 주면서 타이머까지 부착된 좋은 족욕기들이 시중에 많으니, 건강관리를 위해 하나쯤 사는 것도 좋겠다. 그 방법이 거추장스럽고 힘이 들면 오래 지속할 수 없는 법이니까.

족욕기에 오렌지 향이나 페퍼민트 향 등 자신이 좋아하는 아로마 오일 한 방울을 떨어뜨리고, 20분 정도 길게 숨을 쉬면서 몸의 느낌에 집중하리. 내 몸을 바라보는 것만으로 긴장이 풀어져 몸의 피로가 달아나는 것을 경험하게 될 것이다.

매일매일 가만히 호흡하면서 근육을 바라보고 그 느낌에 집중한다면, 그 깊고 진한 명상의 맛에 매료될 것이다. 그러면 어느 순간 세포 하나하나에 대한 느낌이 살아나 내 몸이 그물과 같은 빈 공간들로 이루어져 있다고 느껴진다. 무중력 상태에 떠 있는 듯한 그 느낌은 지극히 평화로운 선정(禪定)으로 나를 인도한다. 마음챙김이라는 명상 수련에 사람들이 열광하는 이유가 여기에 있다. 그 어떤 영화보다 재미있고 그 어떤 음악보다 아름다운 것들이 바로 내 안에 있음을 체험하는 것이다.

족욕이 끝나면 목부터 간단하게 스트레칭을 한다. 조용히 촛불 한 자루를 켜는 것도 좋다. 초가 없다면 스탠드를 벽으로 향하게 하여 간접 조명을 만든 뒤 편히 자리에 앉는다. 그리고는 아침부터 지금 이 순간까지 오늘 하루를 빠르게 필름으로 돌리며 내가 가장 잘했던 일과 아쉬웠던 일을 떠올려 본다. 왜 잘했다고 생각했는지 생각해 보고, 구체적으로 자신을 칭찬해 준다.

"상사가 잘못을 지적했을 때, 흥분하지 않고 일단 실수를 인정한 것은 아주 잘한 일이었어. 또 변명하려는 태도를 보이기보다는 그 실수를 다시 반복하지 않기 위한 계획을 구체적으로 세운 것도 멋졌어."

하루의 마무리는
족욕으로!

오늘 좋았던 일과
아쉬웠던 일을 떠올리며
간단한 스트레칭!

잠들기 전 감사한 것
열 가지 찾기

일할 수 있는 직장을 주셔서
감사합니다.

쉴 수 있는 따뜻한 집을 주셔서
감사합니다.

가족들 모두 건강한 것
감사합니다…

같은 방법으로 아쉬웠던 점을 떠올리며 왜 아쉬웠는지 표현한다. 그렇게 행동한 나를 이해하고 공감한 뒤, 앞으로 다시 그러한 경우가 생겼을 때 어떻게 행동해야 할지 자신에게 부탁하듯 말한다.

바쁜 일과 중에 아내가 전화했는데, "나 바빠."라고 하며 퉁명스럽게 전화를 끊었던 일이 생각이 났다고 가정해 보자. "너무 바빠서 전화를 건 남편의 입장을 고려할 여유가 없었니? 그래, 그럴 수 있지. 하지만 '지금 바쁘니까 이따가 집에 가서 이야기하면 안 될까요?'라고 말했다면 지금 마음이 불편하지 않고 남편도 기분 상하지 않지 않았을까? 다음에는 아무리 바빠도 숨 한 번 고르고 내 상황을 설명하는 것이 좋겠다."는 식으로 어떠한 행동을 할지 자세하고 정확하게 표현하며 다짐한다.

하루 중 좋았던 일과 아쉬웠던 일에 대한 정리가 끝나면, 그다음으로 감사한 일 열 가지를 찾아본다. 그것만으로도 뇌에서는 행복감을 느끼게 하는 다양한 호르몬이 나온다. 그렇게 행복 호르몬으로 샤워하고 잠을 청한다면, 자는 동안에도 그 느낌이 오래가고 더욱 상쾌한 아침을 맞이하게 될 것이다.

마지막으로 편안히 잠드는 방법이다.

1. 천천히 3회 심호흡하며 머리끝에서 발끝까지 긴장을 푼다.

2. 오른쪽 다리부터 점점 무거워지면서 아주 편안하게 쉬는 시간으로 들어간다고 이야기하며 다리가 점점 무거워진다고 생각한다.

3. 왼쪽 다리도 같은 방식으로 반복한다.

4. 왼쪽 다리가 무거워지면서 점점 편안한 쉼의 시간으로 들어간다. 그다음으로 오른팔, 왼팔 등이 점점 무거워지면서 편안한 휴식 시간으로 들어간다.

5. "내일 아침 6시가 되면 나는 상쾌한 몸과 마음으로 일어나게 될 것이다."라고 말하며 시곗바늘이 6시를 가리키거나 디지털시계에 06:00이라 찍히는 영상을 선명하게 떠올린다. 일어났을 때 내가 원하는 몸 상태와 기분 등을 생생하게 떠올리며 잠으로 빠져든다.

잠자는 동안 몸은 움직이지 않지만, 뇌에서는 많은 일이 일어난다. 어떤 문제를 해결하는 열쇠를 꿈속에서 얻기도 하고, 몽정으로 풀리지 않은 욕구를 해결하기도 한다. 편히 자는 것은 아주 중요한 일이다.

또 잠은 학습에도 아주 많은 영향을 끼친다. 무엇인가를 암기한 후 다음 날 더 잘 기억해 내는 경험을 한 번쯤은 해 보았을 것이다. 자기 전에 자신이 원하는 것, 오늘 배운 것을 다시 한 번 상기하고 잔다면, 다음 날 아침에 눈을 떴을 때 원하는 것에 조금 더 가까워진 자신의 모습을 발견할 수 있을 것이다.

만성피로야, 가라!

1. 그날 쌓인 피로는 그날 풀어라. 하루의 피로를 푸는 데에는 족욕이 간편하고 효율적이다.

2. 오늘 하루 일들을 머릿속에서 빠르게 돌리며 가장 잘했던 일과 아쉬웠던 일을 찾아본다. 감사한 일들을 떠올리는 것만으로도 뇌에서는 행복 호르몬이 나온다.

3. "내일 아침 6시가 되면 나는 상쾌한 몸과 마음으로 일어나게 될 것이다."라고 암시하며 시계 이미지를 떠올리고 잠든다.

26. 가정이 화목해야 일도 잘된다

부부 공감 대화법&애정 지수 상승법

여자는 살면서 남자가 나아질 거라는 기대를 갖고 결혼하지만, 남자는 바뀌지 않는다. 남자는 여자가 변하지 않을 거라는 기대를 갖고 결혼하지만, 여자는 결국 변한다. 이러한 씁쓸한 유머처럼 남자와 여자는 달라도 너무 달라 서로 이해하기가 참으로 어렵다. 여자는 여자로서의 생물학적 특성이, 남자는 남자로서의 생물학적 특성이 있는데, 여기서 더 나아가 문화적 특성까지 더해지면 그야말로 천지 차이. 이 화성에서 온 남자와 금성에서 온 여자를 어떻게 이해할 수 있을까?

먼저 남자와 여자의 호르몬 특성부터 이해해 보자. 여자를 대표하는 호르몬은 옥시토신이고, 남자를 대표하는 호르몬은 테스토스테론이다. 테스토스테론의 특성은 '성교' 아니면 '사냥감이나 적을 죽이는 것'이다. 종족을 보존하고 사냥하는 역할을 잘 수행하도록 진화해 온 남자의 생물학적인 본능은 씨(?)를 뿌리고 싸워서 이기는 거라는 말씀. 이러한 특성으로 인해 남자들은 개인성과 자율성을 강조하면서 권리, 정의, 힘을 지향하는 성향이 있다.

반면 자궁 수축 호르몬인 옥시토신은 향관계성이 강해 애착, 관계, 양육, 보존, 접촉 등의 감정을 유발한다. 그런 생물학적인 특성으로 인해 여자들은 사랑받고 소속되고 관계를 맺고 싶어 할 뿐만 아니라 타인을 배려하는 성향도 강하다.

이러한 것을 흔히 남성성과 여성성이라고 한다. 생물학적으로 남자라고 해도 여성성이 발달한 사람이 있고, 생물학적으로 여자라고 해도 남성성이 발달한 사람도 있으니 "남자는 다 그래.""여자는 다 그래." 하면서 일반화할 필요없이 그럴 확률이 높다고 받아들이면 된다. 이런 특성을 파악하였다면, 남자는 인정받고 칭찬받기를 좋아하고 여자는 사랑받고 소속감을 느끼기를 좋아한다는 것을 기억해야 한다. 이러한 욕구들이 충족되지 않을 때 부부간에는 불협화음이 난다.

불가에서 부부는 원수가 만나 이루어진 관계라고 한다. 아직 풀어야 할 숙제가 남아서 부부가 되었다는 것이다. 사실 살아가다 보면 타인 보다는 가까이 있는 가족들과 이해관계가 복잡하게 얽히고설키고는 한다. 부모와 자식의 관계도 그렇지만, 특히 부부야말로 늘 욕구와 욕망이 부딪쳐 튀는 불꽃으로 언제 발화할지 모르는 관계다. 자신과 상대의 욕구와 욕망을 잘 알아차리는 것은 행복한 결혼 생활을 이끌어 나가는 열쇠라고 하겠다.

부부 싸움은 주로 말에서 발화된다. 거꾸로 생각해 보면, 말 한마디를 잘하면 부부간의 사랑을 더더욱 공고히 할 수 있다는 얘기다. 이 장에서는 부부의 애정을 상승시키는 대화법과 명상법을 살펴보겠다.

먼저 부부간의 불화를 방지하는 대화법이다.

부부간 대화에서 가장 중요한 것은 잘 듣기다. 누구와 대화하든 필요한 기술이지만, 부부간에는 더욱 그렇다. 불편한 일이 있어도 타인에게는 쉽게 감정을 드러내지 않지만 부부간에는 서로 감정을 드러내기 쉽다. 편한 관계일수록 상대의 말을 더더욱 잘 들어주는 귀를 가져야 한다. 부부 싸움 중 흔히 이런 말을 한다. "내 말 좀 끝까지 들으라고, 제발!" 자기 뜻을 잘못 이해하고 있다는 생각에 "그게 아니고!" 하며 말을 자르고 들어가기 일쑤다. 일단 자신 안에서 어떠한 생각과 감정이 일어나든 상대방의 말을 끝까지 들어주어야 한다.

듣는 자세도 중요하다. "말할 테면 한번 해 보라."는 식으로 팔짱을 끼거나 고개를 돌린 채 듣는다면 이야기하는 사람의 마음이 누그러지기는커녕 더 긴장되고 공격적으로 변할 것이다. 힘들지라도 말하는 상대의 눈빛과 입술을 바라보며 그 몸짓을 몰래 따라 해 보라. 상대가 말하면서 손을 올리면 천천히 나도 따라 손을 올리고, 상대가 발을 꼰다면 나도 천천히 발을 꼰다. 이렇게 동작을 따라 하면, 두 사람 사이에 보이지 않는 따뜻한 기류가 형성된다.

끝까지 상대의 말을 다 듣고 난 다음, 손이나 발 등 몸의 한 부분을 부드럽게 터치하면서 "아, 그랬군요. ~해서 당신이 화가 났었군요." 하며 일단 상대의 감정을 인정하고 이해한다는 제스처를 취한다. 이러한 대화법으로 상대 입장을 이해하고 나의 입장을 이해시키도록 노력한다면, 부부 사이에서 공감대가 형성될 수 있다.

그러나 내가 그 사람의 입장을 이해하고 공감한다고 해서 그의 행동에도 동의하는 것은 아니다. 예를 들어 남편이 시어머니 앞에서는 시어머니 편을 들고 자신 앞에서는 자신 편을 드는 것을 여자의 입장에서 이해는 할 수 있다. 그러나 매번 반복되는 그런 행동에는 동의할 수 없다. 인내하기가 힘들다면 그 불편한 마음을 제대로 설명하고 부탁해야 한다. 상대 입장을 이해하고 공감한 뒤에, 자신의 요구를 정확하고 알기 쉽게 부탁하는 것이 '공감의 대화법'이다.

한 연구 결과에 따르면, 청소를 부탁해도 잘 듣지 않던 남편이 3시까지 거실 바닥 좀 닦아 달라는 부인의 요구를 듣자 3시가 다가오는 시계를 보면서 마지못해 일어나 청소를 하더라고 한다. 남편들에게 목표를 정확하게 제시할 때, 그것을 달성할 확률이 높다. 옆구리 찔러 절받기라고 저어될 수도 있지만, 언질을 주지 않고 혼자 속상해하는 것보다 정확하게 의사를 표현하여 갖고 싶은 것을 얻는 게 더 현명한 방법이 아닐까? 알아서 잘 챙겨 주는 사람은 본디 드문 법이다.

두 손을 마주잡고 눈을 감는다.

상대의 눈을 5분 정도 말없이 바라본다.

서로 칭찬을 해 준다.

다음은 부부가 함께하는 애정 지수를 높이는 명상법이다.

1. 한가한 시간에 조명 빛 아래 눈을 감은 채 두 손을 마주 잡고 온기를 느낀다. 처음에는 어색하겠지만, 배우자의 온기에 집중하다 보면 갑자기 울컥해지기도 한다. 결혼 전에는 수시로 잡았던 손을 오랫동안 잡지 못했다는 사실을 알아차릴 수도 있고, 세월의 흐름이 묻어나는 거칠어진 손을 느낄 수도 있다. 어떠한 감정이 들던지 그 느낌에 집중하면서 3~5분 정도 손을 잡는다.

2. 눈 마주침 명상을 한다. 절대 피하지 말고 상대의 두 눈을 바라보는 것이 중요하다. 처음에는 웃음이 나거나 자꾸만 눈을 피하려고 할 것이다. 피하면 서로 다시 돌아오라고 격려하면서 마음의 창인 눈을 지그시 바라본다. 5분 정도 눈을 마주치다 보면 상대의 깊은 마음이 어렴풋하게나마 다가오는 것을 느낄 수 있다.

3. 서로 등을 기대고 그 느낌에 집중한다. 등과 등 사이의 압박감 등 변화되는 나의 생각과 감정과 느낌에 집중하면서 그 순간에 충실한다.

4. 뒤에서 안아 준다. 일명 백 허그. 남편이 아내의 뒤에서 아내가 남편의 뒤에서 포근하게 감싸 안은 채 서로 호흡을 맞춘다. 서로 맞추어 숨을 들이마시고 내쉬다 보면, 호흡이 일치하면서 정서적으로도 하나가 되는 느낌이 든다. 뒤에서 안아주는 사람은 내가 보호해 주어야 한다는 생각이 들면서 강한 동지애를 느낀다. 앞에서 안기는 사람은 보호받고 사랑받는다는 느낌이 들면서 어릴 적 충분히 받지 못했던 사랑을 배우자를 통해 보충한다고 느낀다.

5. 배우자를 유심히 관찰하고 장점이나 아름다운 점을 구체적으로 표현하고 칭찬한다. 누군가 지나가는 소리로 "웃는 모습이 참 예쁘세요."라고 했다고 해 보자. 당장은 그냥 하는 소리라고 흘려듣는다고 해도, 나중엔 거울을 보고 씩 웃으며 '정말 예쁜가?' 하며 자신의 얼굴을 관찰할 것이다. 그러면 무의식중에 더 환하고 예쁘게 웃는 얼굴이 된다.

칭찬에는 그 대상을 변화시키는 힘이 있다. 평상시 사랑하는 사람을 주의 깊게 관찰하면서 그만이 갖고 있는 독특한 아름다움을 찾아보자. 그것에 집중하여 칭찬한다면, 칭찬하는 사람이나 칭찬받는 사람 모두에게 사랑의 기적이 찾아올 것이다. 누군가 나에게 관심을 두며 칭찬할 때 자존감은 올라가고, 어떠한 고난도 함께 헤쳐 나갈 힘이 생기는 법이다.

알았어, 여보~
오늘은 술 안 먹고
일찍 들어갈게~

저, 아직 결재 안 받았...

워커홀릭을 위한 3줄 요약

1. 남자와 여자가 생물학적·문화적으로 너무 다르다는 사실을 먼저 인식하자.

2. 부부 사이에서는 상대의 말을 잘 듣고, 그의 입장을 이해하고 공감한 뒤에, 자신의 요구를 정확하고 알기 쉽게 부탁하는 '공감의 대화법'이 필요하다.

3. 손 맞잡기, 눈 마주치기, 등 기대기, 뒤에서 안아 주기, 상대 칭찬하기 등은 부부간의 애정지수를 높인다.

27. 숙면의 기술

불면증 치료를 위한 타임라인 만들기&유체 이탈 명상

양 이백이십오 마리,
양 이백이십육 마리,
양 이백이십칠 마리…

양 삼천오백칠십육 마리,
양 삼천오백칠십칠 마리,
양 삼천오백칠십팔 마리…

회사 가야 하는데
왜 이렇게 잠이
안 오는 거냐고!

장소

집, 침대

상태

잠이 안 온다, 왜 안 올까, 안 와도 될
까, 내일 출근은 어떻게 할까…
(Feat. 양 삼백칠십이 마리)

몸이 너무 피곤하거나 낮에 충격적인 사건을 경험했다면, 밤에 오히려 더 말똥말똥하여 잠을 이루지 못하기도 한다. 일시적인 현상이라면 하루 이틀 정도는 견딜 만하겠지만, 자꾸 반복된다면 불면증으로 발전할 소지가 있다. 수면 장애는 바로 해결하기 위해 노력해야 한다. 먼저 수면 장애나 강박 장애를 쉽게 알아보는 방법 하나를 소개하겠다.

눈을 감고 3회 심호흡하면서 머리부터 발끝까지 천천히 긴장을 푼다. 그리고 1년 전에 있었던 일 중 아무 사건이나 떠올려 본 뒤, 그 일이 떠오르는 위치가 어디인지 관찰한다. 그 위치가 머리 뒤쪽이거나 머리 안쪽이라면, 약간 강박적이거나 수면에 문제가 있을 가능성이 높다. 오른쪽에서 떠올랐다면, 이는 과거나 미래의 일을 생각하는 데 많은 영향을 끼쳐 불안이나 걱정이 많을 가능성이 높다. 과거의 일을 떠올렸을 때 왼쪽이나 어느 정도 자신과 떨어진 위치에서 떠오르는 것이 바람직하다.

만약 머리 뒤쪽이나 오른쪽에서 떠올랐다면 다음처럼 해 보자.

1. 눈을 감고 3회 심호흡하면서 머리부터 발끝까지 천천히 긴장을 푼다.

2. 밝고 신비스러운 에너지가 머리에서 손끝 발끝으로 퍼져 간다고 상상하면서 온몸을 빛으로 변화시킨다.

3. 천천히 팔을 들어 1년 전의 기억이 떠오른 지점에서 그 기억을 손으로 들어 올리듯 뽑아낸다. 몸을 중심으로 왼쪽 앞 45도 방향에 1미터 정도 떨어진 곳에 고정한다는 마음으로 과거의 영상을 고정한다.

4. 다시 과거의 기억들을 떠올려 본다. 나와는 떨어진 위치에, 내 몸을 중심으로 왼쪽부터 시간대별로 떠오르게 정렬한다. 가장 왼쪽은 출생 순간이고, 가운데는 현재, 오른쪽은 미래다.

눈을 감고 1년 전 일 중
아무 사건이나 떠올려 본다.

작년 이맘 때 부서가 바뀌어서
업무 때문에 무척 힘들었지.

그 생각이 떠오른 위치가
어디인지 관찰한다.

머리 뒤쪽
어디쯤이야.

그 생각을 뽑아내
내 몸 왼쪽으로 옮겨
타임라인 위에 고정시키는
상상을 한다.

스윽

척

미래 ◀◀◀◀◀ 현재 ◀◀◀◀◀ 출생

이것을 타임라인이라고 한다. 시간대별로 기억들을 정렬하고 과거 불행한 기억의 이미지를 작게 만들거나 아주 아팠던 기억은 점으로 만들어 없애 버린다. 좋았던 기억은 크게 만든다. 그 기억이 지금 나의 자긍심이나 자존감을 높이는 데 어떤 영향을 끼치는지 긍정적인 의도를 파악하며 타임라인에 고정한다.

이렇게 타임라인을 수정하고 고정하는 것만으로도 불면증 해소에 도움이 된다. 한 번에 기적과 같은 효과를 보기 위해서는 자신에 대한 믿음을 갖고 집중해야 한다.

갑자기 생활의 균형이 깨졌거나 낮에 받은 심리적인 충격으로 잠을 이룰 수 없는 경우라면, 굳이 잠을 자려고 노력할 필요가 없다. 오히려 자야지 하는 생각에 더 잠을 못 이루기 때문이다. 감정을 억제하다 보면 언젠가는 폭발하듯이, 잠도 자려고 할수록 오히려 더 이룰 수 없는 것이 사람의 심리적 특성이다. 그럴 땐 차라리 일어나 밀린 일을 하거나 책을 보는 것이 더 좋은 선택이겠지만, 온종일 지친 몸으로 책에 집중하기도 쉽지는 않을 터다. 이런 경우 도시를 여행하는 명상을 해 보라 권하고 싶다.

잠자리에 누워 눈을 감는다. 그리고 방문을 열고 거실을 거쳐 현관문을 나가 외부로 향하는 상상을 한다. 바깥 기온은 어떠한지, 거리 밝기는 어느 정도인지, 그리고 어떤 소리가 들려오는지 꼼꼼히 살피며 어두운 도시 이곳저곳을 탐험하는 여행자가 된다. 집에서 오른쪽으로 가 보기도 하고, 동해를 지나 일본까지 가 본다. 더 높이 올라가 대기권에서 바라보는 지구의 모습도 상상하고, 태양계를 바라보기도 한다. 이러한 여행을 하다 보면 자연스럽게 잠으로 빠져들 수 있다.

이 방법으로도 잠이 오지 않으면, 그때는 심호흡하고 편안하게 온몸을 이완하며 숨이 들어오고 나가는 것에만 집중한다. 이 생각 저 생각으로 마음을 어지럽히기보다는 차라리 이 방법이 피로를 푸는 데 이롭다. 호흡에 집중하며 내 몸 밖에서 나를 내려다보는 의식의 자리를 만들고, 더 깊어지면 내 몸 주위로 둥글게 그 의식을 확장한다. 그러면 어느새 내 몸은 사라지고 의식이 둥글게 전체 우주로 확장되는 듯한 느낌이 든다. 자는 것도 아니고 깨어 있는 것도 아닌 상태에서 아주 긴 시간이 지나 있음을 알게 된다. 이 상태를 선정(禪定)에 들었다 표현할 수 있다.

명상 훈련이 잘되면 유체 이탈과 같은 현상이 잘 나타나는데, 최근 연구에 따르면 이러한 현상은 명상으로 인해 뇌 우측의 섬엽이 두꺼워져 공감각적 능력들이 나타나기 때문이라고 한다. 명상은 뇌를 훈련하는 아주 좋은 방법으로 질병 치료는 물론 영적 의식을 성장시키는 좋은 도구라 하겠다.

업어 가도
모르겠네...

드르렁 ...

드르렁 ...

꿀잠 자실게요

워커홀릭을 위한 3줄 요약

1. 1년 전 일 중 아무 사건이나 무작위로 떠올려 본다. 그 일이 떠오르는 위치가 머리 뒤쪽이거나 오른쪽이라면, 약간 강박적이거나 수면에 문제가 있을 가능성이 높다.

2. 왼쪽에서부터 과거-현재-미래 순으로 시간대별 타임 라인을 정렬한다. 나빴던 기억의 이미지는 작게 만들고, 좋았던 기억 이미지는 크게 만든다.

3. 생활의 균형이 깨졌거나 낮에 받은 심리적 충격으로 잠을 이룰 수 없는 경우, 유체 이탈로 우주를 여행하는 명상이 숙면에 좋다.

내가 선택한 돌의 의미는?

묵언 수행과 돌멩이 명상

주말이니까
늘어지게
늦잠 자고,

주말이니까
꼼짝 않고
TV만 봤다.

근데 왜 이렇게
몸이 더 피곤하지?

소파가 나인가?
내가 소파인가?

토요일 오전이라는 시간대가 있는지도 모르고 '수면 명상(?)'에 바쁜 워커홀릭들이여, 주말에 모처럼 야외로 콧구멍에 바람 좀 넣으러 가 보는 것은 어떤가. 야외에 나갈 수 있다는 것만으로도 이미 명상은 시작되었다고 할 수 있다. 그저 산을 걷기만 해도, 파도 소리를 듣기만 해도, 긴장된 근육이 이완되고 우울했던 기분이 사라져 행복한 느낌이 들 테니까. 주말에 가족들과 여행을 떠나거나 친구들과 축구를 하는 것도 활력적인 몸을 만들고 주중에 쌓인 피로를 풀 수 있는 좋은 기회다. 여기서는 이러한 동적인 활동 외에 할 수 있는 주말 명상법을 소개하도록 하겠다.

묵언 수행

분기나 6개월에 한 번 주말을 '묵언 수행의 날'로 잡아 보는 것은 어떨까? 묵언 수행이란 아무 말도 하지 않고 오로지 주변에서 일어나는 소리나 내면의 소리에 귀를 기울이는 방법이다. 그동안 내 중심으로 세상을 바라보았다면, 묵언 수행을 할 때에 나는 관찰자로 남고 세상이 중심이 된다. 하루 정도 산속으로 들어가 묵언 수행을 하는 것이 좋다. 바닷가에 홀로 앉아 가부좌를 틀고 있는 사진 속 주인공이 되어 보는 것도 낭만적인 일일 것이다.

어디론가 떠날 수 없다면, 일상 속에서 그대로 생활하면서 말만 하지 않은 채 주말을 보내 보자. 이때는 가족에게 오늘은 묵언 수행을 한다고 미리 이야기해 놓아야 할 것이다.(안 그러면 화난 줄 알 테니까.) 말하지 않고 생활하다 보면 답답하겠지만, 말로 소통할 때와 또 다른 모습으로 세상이 다가올 것이다. 더 나아가 말할 수 있다는 것이 얼마나 감사한 일인지도 새삼 깨달을 수 있다.

돌멩이 명상

만약 자연으로 나간 날이라면 돌멩이 명상을 권하고 싶다. 산길을 거닐면서 마음에 드는 돌을 찾아보자. 마음에 드는 돌을 발견했다면, 자신이 그 돌을 선택한 이유를 한번 생각해 본다. 또 그 돌을 어떻게 사용하고 싶은지도 생각해 본다.

돌을 선택할 때의 마음은 사람마다 각기 다르다. 어떤 사람은 제일 크고 빛나서 선택했다고 답한다.

주말에 자연으로 나가
맘에 드는 돌멩이를 찾아본다.

그리고 그 돌을 선택한
이유를 생각해 본다.

돌의 이름을 지어 집으로 가져와
책상 한쪽에 두고
화두처럼 그 의미를 되새긴다.

이는 지금 그의 마음속에 자신이 있는 곳에서 주인공이 되고자 하는 명예욕이나 지배욕이 많다는 것을 상징할 가능성이 크다. 명예욕이나 지배욕을 부정적으로 생각할 필요는 없다. 욕구와 욕망은 동기가 되어 우리를 발전시킬 수 있는 원동력이 되니까. 단지 그것이 넘치면 집착과 강박이 되어 자신은 물론 남에게도 부정적 영향을 미칠 수 있으니, 깨어서 알아차리고 조절해야 한다.

힐링 프로그램에서 만난 어느 분은 돌멩이 명상에서 그 돌을 선택한 이유를 이렇게 대답했다. 돌이 넓적하니 집에 가져가 동치미 담을 때 누를 수 있어서라고. 이것은 그분이 실용적인 분이며 살림이나 가정을 꾸려 나가는 데 관심이 집중되어 있음을 암시한다. "지금까지 열심히 살아오셨나 봅니다. 한가하게 쉬지도 못 하고 먹고 사느라 참 바쁘셨나 봐요."라고 말해 주니, 갑자기 그분이 눈물을 흘리시는 게 아닌가. 이처럼 자연 속에서 사람들은 쉽게 눈물을 흘리고 웃음꽃을 피운다. 그 돌을 선택한 이유를 들여다보고 자신의 욕구와 욕망을 알아차려 스스로 위로하고 다짐해 보는 시간을 갖자.

그렇게 자신이 돌을 선택한 이유를 알아차리고 난 뒤, 그 돌의 이름을 짓도록 한다. 너무 바쁘게 살아오신 분은 '쉼'이라는 이름을 지은 돌을 집으로 가져가면서 하루에 한 번 보며 편안하게 숨 쉬는 시간을 갖겠노라고 약속했다. 이처럼 돌의 이름을 지어 집으로 가져와 책상

가운데나 거실 한쪽에 두고 화두처럼 그 의미를 되새겨 본다면, 우리가 일상 속에서 자신에 대하여 스스로 깨달아 가는 시간도 따라 늘어나게 될 것이다.

다음 주말엔
묵언 수행을
해 봐야지~ ^^

위커홀릭을 위한 3줄 요약

1. 주말에 방구석을 벗어나 야외에 나갈 수 있다는 것만으로도 명상은 이미 시작된다.

2. 분기나 6개월에 한 번씩 아무 말도 하지 않고 주변에서 일어나는 소리나 내면의 소리에 귀를 기울이는 묵언 수행을 한다.

3. 산길을 거닐면서 마음에 드는 돌을 찾아본다. 그 돌을 선택한 이유와 어떻게 그 돌을 사용하고 싶은지 생각해 보며 자신의 욕구와 욕망을 알아차린다.

마음에 화두 한 글자 새기고

월요병을 예방하는 한자 명상

'불금'이라는 말을 누가 지었는지는 몰라도 금요일 오후만 되면 학생이나 직장인들은 (딱히 할 일이 없더라도) 주말에 대한 기대감만으로도 묘한 해방감에 휩싸여 몸과 마음이 들썩인다. 반대로 토요일이 지나 일요일 밤이 되면 갑자기 밀려드는 다음 날 출근에 대한 중압감(더불어 시간의 덧없음에 대한 회의)에 몸과 마음이 천근만근이다. "개그 콘서트가 끝나는 음악만 들리면 갑자기 일요일이 다 갔다는 생각에 기분이 우울해져요." 하고 말하는 사람은 비단 당신만은 아닐 터. 일요일 저녁, 월요일에 대한 기대감과 설렘으로 몸부림치며 기뻐하는 사람(?)은 아직 본 적이 없다.

왜 뭔가
불안할까…

우리가 명상을 하는 이유는 무엇인가? 지금 바로 여기에 온전하게 깨어 있고 그 시간을 온전하게 살아 내기 위해서다. 몸은 여기에 있지만, 대부분 우리 의식은 이미 지나가 버린 과거를 생각하면서, 때로는 그리움으로, 때로는 안타까움과 후회로 덧칠하며 슬퍼하기도 한다. 또

오지도 않은 미래를 걱정하고 근심하느라 현재를 온전하게 살아 내지 못한다. 미래에 대한 꿈과 희망을 품는 경우는 그나마 나은 편이다. 미래에 대해 지나치게 근심하고 걱정하면, 그 생각만으로도 미래가 그렇게 점철될 될 확률이 높아진다.

고로 스스로 힘들고 어렵다 생각되는 상황일지라도 늘 깨어 있는 의식을 가져야 한다. 그 무거운 감정 속에 빠지지 말고, 달리 생각할 여유를 가져 보는 것이다. 지나간 한 주를 정리하고 다가오는 한 주를 맞이하는 명상이 필요한 이유다. 일단 일요일 저녁 식사나 TV 시청 뒤에 편안하게 자기만을 시간을 가져 보자.

그 구체적인 방법은 다음과 같다.

1. 조용한 음악이 흐르는 약간 어두운 곳에서 눈을 감고 의자나 바닥에 편안한 자세로 앉는다. 깊게 3회 심호흡하며 머리 끝에서 발끝까지 긴장을 푼다.

2. 맑고 신비스러운 에너지가 우주 근원의 자리에서 빛줄기처럼 내 머리와 연결된다고 상상한다. 그 에너지가 뇌 속으로 들어와 목을 거쳐 손끝으로 퍼져 가고, 가슴과 배, 엉덩이와 양쪽 허벅지를 거쳐 발끝까지 퍼져 나간다고 상상한다.

지금 나는 휴일의
마침표를 찍기 위해
앉아 있다.

一
한 일

用
쓸 용

金
황금 금

일주일 동안 내가 화두처럼
안고 살아갈 글자는 무엇일까?

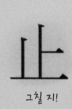

止
그칠 지!

그래, 다음 주에는
이 한자를 가슴에 새기고

일단 멈춰 다시 생각하는
기회를 가져야겠어.

점점 내 몸이 환하게 빛나고 가벼워진다고 생각하면서 몸 밖에서 나를 바라보는 관찰자 자리를 만든다.

3. 눈을 감고 조용히 "지금 나는 휴일의 마침표를 찍기 위해 앉아 있다."라고 이야기하며 편안하게 일주일을 정리한다.

4. 천천히 눈앞에 한자를 떠올려 본다. 한 일(一) 자를 써 보기도 하고 쓸 용(用) 자를 써 보기도 한다. 뜻글자인 한자어를 연상하는 연습을 하면 통찰 명상을 하는 데 많은 도움이 된다. 만약 한자어를 모른다면 그냥 우리말 단어를 쓰는 연습을 해 본다.

5. 한자어나 단어를 쓰는 연습이 끝나면 천천히 호흡을 가다듬고 "일주일 동안 내가 화두처럼 안고 살아갈 글자나 단어는 무엇인가?" 하고 질문한다. 눈을 감고 잠시 기다리면 한자어나 단어가 떠오를 것이다. 만약 '지(止)'라는 한자가 떠올랐다면 그 의미를 살펴본다. '그치다'라는 의미를 가진 한자다. 앞으로 한 주 동안은 그 글자를 가슴에 새기고 무슨 일이 생길 때마다 일단 그 뜻대로 잠시 멈춰 다시 생각해 보도록 한다.

한자 명상은 일요일 밤이나 월요일 아침에 활용하라. 아무 생각 없이 하루하루 살아가는 것과 마음속에 글자 한 자를 새기고 사는 것은 천지 차이다. 앞으로 다가올 일주일 동안 화나는 일도 생기고, 언쟁을 벌여야 하는 때도 있을 터. 이때 '멈출 지(止)' 자의 의미를 되새기면 많은 도움이 된다.

매주 다양한 단어들이 떠오르면서 때로 앞으로의 삶이 예견되는 경우도 있다. 우리의 삶은 일정한 주기를 따라 부침을 거듭한다. 내려가고 약해질 때를 대비하여 마음의 준비를 하라. 그러면 아무리 힘든 어려움이 닥쳐온다고 할지라도 나를 무너뜨리지는 못할 것이다.

1. 명상을 하는 이유는 지금 바로 여기에 온전하게 깨어 있고, 그 시간을 온전하게 살아 내기 위해서다. 지나 버린 과거를 안타까워하거나 오지 않은 미래를 근심하지 말지어다.

2. 일주일 동안 화두로 안고 살아갈 한자를 떠올려 본다. 다음 한 주 동안에는 무슨 일이 생길 때마다 그 글자를 가슴에 되새겨 본다.

3. 생각 없이 하루하루 살아가는 것과 마음속에 글자 하나 새기고 사는 것은 엄청나게 다르다. 성찰의 기회로 삼아라.

명상은 계속된다

1. 골프공을 이용한 온몸 마시지

몸의 근육은 서로 연결되어 있어서 발바닥 근육을 풀어도 허리 근육이 풀린다. 마사지 방법은 다음과 같다.

1) 양발을 11자로 나란히 모으고 서서 천천히 허리를 숙여 양손 끝이 어느 정도까지 내려가는지 체크해 본다.

2) 골프공이나 테니스공처럼 약간 딱딱한 공을 오른발이나 왼발 발바닥 아래 두고 5분 정도 마사지하듯이 구석구석 굴린다.

3) 다시 양발을 11자로 나란히 모으고 서서 천천히 허리 숙여 양손 끝이 어느 정도까지 내려가는지 체크해 본다. 오른발 밑에 골프공을 두고 5분간 마사지했다면 오른손이 더 많이 내려가는 것을 확인하게 될 것이다.

4) 반대쪽 발바닥 밑에 골프공을 넣고 5분간 구석구석 마사지해 준다.

2. 낙서 스토리 명상

현재 상황을 극복하기 위한 해답을 찾아내는 쉽고 재밌는 명상법이다.

1) 백지 한 장에 생각나는 단어들을 아무거나 순서 없이 적어 내려간다.

예) 칭찬, 거울, 사람, 비겁, 안경, 무용, 계산기, 세무서, 피아노, 비자림, 전쟁, 물티슈……

2) 심호흡한 뒤 적은 단어 중 무작위로 골라 마음이 머무르는 단어를 다시 적는다.

3) 추려 낸 단어 중 다시 무작위로 마음이 머무르는 단어를 적는다. 이 중에서 마음이 머무르는 단어를 세 개만 선택한다.

예) 비겁, 무용, 물티슈

4) 편안하게 온몸을 이완하며 눈을 감고 '비겁'이라는 단어를 떠올린다. 그 비겁이라는 단어와 함께 떠오르는 기억이나 영상이 무엇인지 관찰한다. 시공을 초월하여 어릴 적으로 갈 수도 있고, 영화 속 한 장면이 떠오를 수도 있다. 그 영상을 보며 나의 잠재의식 속에 깔린 '비겁'이라는 단어에 대한 생각들을 객관적으로 관찰하여 알아차린다. 내가 타인을 비겁하다고 평가하는 이유를 알아차리게 될 것이고, 더 나아가 그 비겁한 행동에 대한 이해의 싹이 틀 것이다.

3. 노래하는 뇌 만들기

이 명상 초기에는 내 무의식의 상처들을 노래로 풀어내는 과정이 나타난다. 그러다 점점 더 깊어지면 자연의 아름다움을 노래하기도 하고 삶의 지혜를 주는 노랫말이 나오기도 한다. 이 과정에서 작곡가는 멋진 음악을 작곡할 수도 있고, 작사가는 멋진 노랫말을 짓는 힌트를 얻을 수 있다.

1) 먼저 편안하게 호흡을 정리하고 이완한다.

2) 눈을 감고 떠오르는 노래를 한다.

3) 거기에 맞는 영상을 머릿속에 떠올리며 지금 나에게 그 노래가 어떠한 의미인지 통찰한다.

4) 몰입하면서 이제는 내가 직접 작사 작곡하는 노래를 부른다. 떠오르는 영상을 글과 음으로 표현하는 것이다. 연습을 거듭하면 시처럼 아름다운 글이 노래로 나오기도 하고, 지금 나의 문제점을 해결하는 암시의 노래가 나올 수도 있다.

4. 무드라 명상법

생활 속에서 쉽게 활용할 수 있는 손으로 하는 요가를 '무드라'라고 한다. 쿤달리니 요가에서는 손의 각 부분이 몸과 뇌의 기관들을 반영한다고 본다. 해당 손동작을 하고 그대로 멈춰 상상하고 호흡한다. 한번에 45분 정도 하는 것이 좋으나 여의치 않으면 15분씩 하루 3회 실시해도 무방하다.

아름다운 목소리 갖기

1) 편안한 복장을 하고 자리에 앉아 눈을 감는다.

2) 레몬을 생각하면서 입안에 침이 고이게 한다.

3) 눈을 감은 채 입으로 "옴~" 하고 5분 정도 소리를 내면서 온몸의 떨림을 관찰한다.

4) 왼손 엄지손가락을 오른손의 네 손가락으로 휘감는다.

5) 동시에 오른손 엄지손가락을 쭉 펴서 왼손 가운뎃손가락 끝에 댄다.

6) 양손을 가슴 앞에 두고 천천히 호흡한다. 맑고 싱그러운 향기와 함께 연한 옥색의 에너지가 가슴에서 퍼져 나가면서 천상의 노랫소리가 들려온다고 상상한다. 15분 정도 집중 명상을 한다.

집중력과 기억력 강화

1) 편안하게 양발은 어깨너비만큼 벌리고 제자리에 선다.

2) 손을 30회 정도 아래로 툭툭 털어 낸다.

3) 그림과 같이 양손의 가운뎃손가락 끝은 붙이고 집게손가락의 두 번째 관절을 구부려 서로 마주 댄다.

4) 엄지손가락 끝도 마주 붙이고 다른 손가락은 안쪽으로 구부린다.

5) 엄지손가락이 가슴을 향하게 하고 팔꿈치는 바깥쪽을 향하게 편다.

6) 들숨과 날숨을 천천히 10회 반복하면서 호흡을 관찰하고 들숨과 날숨 사
   이의 정지된 시간을 조금씩 더 길게 한다.

삼지법

명상할 때 흔히 엄지손가락, 집게손가락, 가운뎃손가락 이 세 손가락을 하나
로 모으는 삼지법을 쓴다. 삼지를 모으면 두 손가락을 모으는 것보다 기가 더
집중된다. 이렇게 기를 모으고 주문을 외우면 그 효과는 더욱 잘 나타난다.
이 무드라 명상법은 간절히 원하는 바를 기도할 때 사용하면 좋다.

1) 좋아하는 음악이나 힘을 주는 음악을 들으며 몸을 간단하게 푼다.

2) 편한 자리에 앉아 엄지손가락, 집게손가락, 가운뎃손가락 등 세 손가락을
   끝을 서로 붙인다.

3) 다른 두 손가락은 구부려서 손바닥 중간에 놓는다. 다른 손도 같은 모양을 만든다.

4) 두 손을 그대로 편안하게 무릎 위에 내려놓거나 편안한 위치에 놓는다.

5) 마음속으로 소원이나 목적을 명확하고 분명한 말로 만든다.

6) 나의 소원이 나를 둘러싼 세상을 이롭게 하는지 가슴에 집중하며 물어본다. 가슴이 편안하면 잠재의식에 거리낌이 없는 것이므로, 그 소원을 집중하여 기도해도 된다.

7) 작은 소리로 자신의 소원을 세 번 말한 후 삼지에 압력을 가하면서 주문 외우듯이 소원을 반복한다.

8) 소원이 이루어질 때까지 규칙적으로 매일 2회 정도 10분씩 반복하여 집중 명상을 한다.

숨만 쉬어도 셀프힐링

1판 1쇄 펴냄 2014년 3월 25일
1판 2쇄 펴냄 2014년 9월 8일

지은이 | 유하진 · 감자도리
발행인 | 김세희
편집인 | 강선영
책임편집 | 강성봉
펴낸곳 | ㈜민음인

출판등록 | 2009. 10. 8 (제2009-000273호)
주소 | 135-887 서울 강남구 신사동 506 강남출판문화센터 5층
전화 | **영업부** 515-2000 **편집부** 3446-8774 **팩시밀리** 515-2007
홈페이지 | panmidong.minumsa.com

ⓒ 유하진 · 감자도리. 2014. Printed in Seoul, Korea
ISBN 978-89-6017-922-6 03320

판미동은 민음사 출판 그룹의 브랜드입니다.